Alfried Längle

Sinnvoll leben

HERDER spektrum

Band 5210

Das Buch

„Wer ein Warum zu leben hat, erträgt fast jedes Wie." Dieses Wort Viktor Frankls, des Begründers der Logotherapie, spricht die Grundfrage an, die sich jedem stellt: „Wozu soll mein Leben gut sein?" oder „Warum mache ich das eigentlich?". Dabei geht es nicht darum, den großen, übergeordneten Sinn des Lebens ein für allemal zu entdecken. Sinn lässt sich vielmehr in jeder Lebenssituation jeweils neu schaffen und stellt sich für jeden Menschen anders dar. Sinnvoll leben, das heißt: fähig sein, die schönen Seiten des Lebens wahrzunehmen und sich an ihnen zu freuen. Fähig sein, die Umstände des eigenen Lebens aktiv zum Besseren hin zu verändern – unter Einsatz der eigenen Fähigkeiten und Begabungen. Fähig sein, in schwierigen Situationen, auf deren Veränderung man nur wenig Einfluss hat, an den Umständen zu wachsen. Und schließlich: Im Bewusstsein der Endlichkeit des Lebens offen zu sein für die Sinnfragen, die jeder Tag stellt, und sie zu beantworten. Wer sein Leben so versteht, dem bietet es eine Fülle von Möglichkeiten.

Der Autor, Arzt und erfahrener Psychotherapeut, erklärt die Grundzüge der Logotherapie und liefert damit gleichzeitig Anregungen zur Erschließung neuer Sinndimensionen. Er zeigt, auf wie vielfältige Weisen sich der individuell verschiedene Sinn jeder Lebenssituation erschließen lässt – nicht in erster Linie rational, sondern intuitiv. Denn das Leben bietet immer Sinnmöglichkeiten an: Hat man sie einmal erspürt, zeigt sich der Wert der jeweiligen Lebenssituation, ihr Sinn. Aus diesem Sinn heraus wird zielgerichtetes, erfülltes Handeln möglich, aber auch Gelassenheit in dem Wissen, das zu tun, was sinn-voll, daher richtig und erfolgversprechend ist.

Der Kompass für ein gelingendes Leben – auf der Entdeckungsreise hin zu dem, was zählt.

Der Autor

Alfried Längle, Dr. med., Dr. phil. Mehrjährige allgemeinmedizinische und psychiatrische Krankenhaus- und Ambulanztätigkeit. Vorsitzender der in Wien ansässigen Gesellschaft für Logotherapie und Existenzanalyse. Als Psychotherapeut in eigener Praxis tätig, zahlreiche Vorträge und Publikationen.

Alfried Längle

Sinnvoll leben

Logotherapie als Lebenshilfe

HERDER

FREIBURG · BASEL · WIEN

Für meine Mutter – so vieles geht auf sie zurück

Gedruckt auf umweltfreundlichem,
chlorfrei gebleichtem Papier

Erweiterte Lizenzausgabe

www.herder.de
Herstellung: fgb · freiburger graphische betriebe 2002
www.fgb.de
Umschlaggestaltung und Konzeption:
R·M·E München / Roland Eschlbeck, Liana Tuchel
Satz: Dtp-Satzservice Peter Huber, Freiburg
Umschlagmotiv: Ferdinand Hodler,
Genfer See mit Mont Blanc in der Morgendämmerung, 1918
ISBN 3-451-05210-5

Inhalt

Vorwort

Von allen Fragen des Menschen ist die bedeutsamste und folgenschwerste jene nach dem „Wozu?“. Es verdichtet sich darin das Wesen des Menschen und verschmilzt mit der Fraglichkeit seines Daseins. In dieser Frage kulminiert das Suchen des menschlichen Geistes; die Antwort, die darauf gefunden wird, führt zum Grund seines Handelns, seines „Zukunfthabens“. „Die Frage nach dem Sinn des Lebens, mag sie nun ausgesprochen oder unausdrücklich gestellt sein, ist als eine eigentlich menschliche Frage zu bezeichnen. Das In-Frage-Stellen des Lebenssinns kann daher niemals an sich etwa der Ausdruck von Krankhaftem am Menschen sein; es ist vielmehr eigentlicher Ausdruck des Menschseins schlechthin – Ausdruck nachgerade des Menschlichsten im Menschen. (...) Ausschließlich dem Menschen als solchem ist es vorbehalten, seine Existenz als fragwürdig zu erleben, die ganze Fragwürdigkeit des Seins zu erfahren.“ (Frankl 1982, S. 39f.)

Alle anderen Fragen sind der Grundfrage „*Wozu* soll das gut sein?“ nachgereiht. So etwa die Frage nach dem „*Warum* ist es so geworden?“, wenn sie eine Erklärung der Abläufe sucht und die Ergebnisse in der zeitlichen Abfolge nach ihren Ursachen durchforscht. (Oft aber versteckt sich hinter diesem Suchen wieder die menschlich relevante „Wozu?“-Frage, über die wir verstehen wollen, in welchem umfassenden Zusammenhang z.B. ein Unglück oder ein Leid zu sehen ist.) Oder die Frage nach dem „Wie?" – die Frage also nach der Art und Beschaffenheit der Dringe, aus der sich der geeignete Umgang mit ihnen ergibt.

Sinn ist die gelebte Antwort auf die brennende Frage: Wozu leben? Nicht dumpf, nicht in blinder Passivität will der Mensch „sich leben lassen". Er will wissen und spüren, wozu er da ist, wofür er etwas machen soll. Er will sein Leben, an seiner Umwelt und an seiner Mitwelt, mitgestalten. Er will dort sein, wo die Kostbarkeit des Lebens spürbar wird, und er will dem Interessanten, Schönen und Bedeutungsvollen in der Welt beiwohnen.

Dies ist es, was im Leben zählt. Die Umstände, in deren Rahmen sich das Leben abspielen mag, sind im Vergleich dazu von sekundärer Bedeutung, wenn nur die Inhalte begriffen und erfühlt sind. Frankl hat, in Anlehnung an F. Nietzsche, den Wert und die Bedeutung dieses Gedankens in dem berühmten Satz zusammengefasst: *„Wer ein Warum zu leben hat, erträgt fast jedes Wie."* (1981, S. 132). Dieses „Warum", das eigentlich ein „Worum", ein „Wofür", eben unser „Wozu" bedeutet – das ist der Lebensinhalt. Das Wie – das sind die Lebensumstände, die das Leben oftmals so schwierig machen und die „eben nur im Hinblick auf ein Warum, ein Wozu, überhaupt tragbar" sind (ebd.).

Eine Richtung der Psychotherapie, die so genannte „dritte Wiener Richtung der Psychotherapie" (nach Sigmund Freud und Alfred Adler), hat die theoretische und praktische Hilfestellung zu diesen Fragen und den damit verbundenen Problemen am umfassendsten entwickelt.

In mehr als sechs Jahrzehnten hat Viktor E. Frankl (neben der Entwicklung psychotherapeutischer Techniken und psychiatrischer Forschungsarbeit) eine „Sinn-Lehre gegen die Sinnleere" begründet und unter dem Namen *„Existenzanalyse bzw. Logotherapie"* bekanntgemacht. Die Existenzanalyse ist die Analyse auf ein lebenswertes Leben hin. Im existenzanalytischen Gespräch werden die konkreten Lebensumstände auf ihren möglichen Sinngehalt hin durchleuchtet. Die Logotherapie stellt dann die praktische Anleitung, die Hilfestellung und Einübung in die Umsetzung und Durchführung der gefundenen Erkenntnisse, dar. (Logos heißt in diesem Zusammenhang einfach „Sinn" – Logotherapie darf daher nicht verwechselt werden mit der „Logopädie", einem Sprachheilverfahren.) Die Ergebnisse der Arbeit Viktor E. Frankls sind inzwischen von zahlreichen Schülern im In- und Ausland empirisch untersucht und bestätigt worden und stoßen auf immer größeres Interesse im Bereich der Psychotherapie, der Pädagogik, der Seelsorge, der Philosophie, in der Arbeitswelt und Sozialarbeit. Sie sind von erheblicher Relevanz nicht nur bei Krankheiten und aufgetretenen Störungen, sondern bereits in deren Vorfeld, der psychischen und psychosomatischen Prophylaxe und in der Erziehung. Sie stellen schließlich eine fundierte Anleitung zur Selbstentfaltung und Verbesserung der seelisch-geistigen Lebensqualität dar.

Das vorliegende Buch basiert auf den Erkenntnissen von Frankls Existenzanalyse und Logotherapie, die hier im Hinblick auf ihre Nachvollziehbarkeit und Anwendung im nichttherapeutischen, außerklinischen Bereich entwickelt werden.

Dieses Buch will nicht lehren. Es will aufweisen. Da es vom Sinn handelt, geht es um Ihre persönliche Auseinandersetzung mit Ihrem eigenen, konkreten Leben. Sinn lässt sich, wie noch gezeigt wird, nicht verschreiben; auch ein Buch kann ihn nicht geben. Sinnsuche ist ein Prozess, der zwei Charakteristika hat: Er hat andauernd zu erfolgen, und er kann einem von niemandem abgenommen werden. Die Sinnsuche hat somit dieselben Kennzeichen wie das Leben, das immer wieder neu von immer derselben Person getragen wird. Das Buch entwickelt die Gedanken nicht in der wissenschaftlichen Strenge, sondern ist in dem Bestreben konzipiert, an Ihren eigenen Kenntnissen und Erfahrungen anzuknüpfen.

Es beginnt mit einigen Überlegungen über die Grundverfassung des Menschen, vor allem über seine Freiheit und Unabgeschlossenheit (Offenheit). Im zweiten Kapitel werden typische Verhaltensweisen beschrieben, durch die manchen Menschen ein erfülltes Leben versagt bleibt. In der Folge geht es darum, wie wir effektiv in unserem Leben Sinn suchen können, wo er zu finden ist. In einem eigenen Kapitel wird das, was unter Sinn zu verstehen ist, eingehend behandelt und vertieft. Wie verhält sich Sinn zu Erfolg? Dieser Frage werden wir uns anschließend zuwenden und das Erfolgsprinzip aus existenzanalytischer Sicht besprechen. Zum Abschluss wird von der echten und tiefen Beziehung des Menschen zu seinem Leben die Rede sein. In ihr kommen Freiheit und Sinnsuche zur Vollendung.

Wien, im Sommer 2000

Alfred Längle
Gesellschaft für Logotherapie
und Existenzanalyse
Eduard-Sueß-Gasse 10
A-1150 Wien

1. Kapitel

Mensch sein heißt unterwegs sein

Was hier unter „Sinn“ verstanden wird – Die Aktualität der Sinnsuche liegt erstens in der Freiheit des Menschen, in seiner Unabgeschlossenheit begründet; zweitens in der unterschiedlichen Wertigkeit der Dinge; drittens im laufenden Wechsel der Situationen – Ist der Mensch wirklich frei? – Leben ist Gestaltungsauftrag – Freiheit und die Folgen früherer Entscheidungen

Es wird in diesem Buch vom *Sinn* die Rede sein, von den Mitteln und Wegen, auf denen Sinn erreicht werden kann, und es wird deutlich werden, was Sinn ist und wie eng er mit wirklichem Leben verknüpft ist.

Vorweg sei gesagt, dass mit Sinn hier nicht der eine, große Sinn des Lebens gemeint ist. Unter Sinn wird hier immer eine besondere Art der *Gestaltung der Situation* verstanden. Sinnvoll leben heißt also – sehr allgemein formuliert –, dass der Mensch mit seinen Anlagen und Fähigkeiten, mit seinem Fühlen und Wollen sich einlässt in das Angebot der Stunde, sich mit ihm kreativ auseinander setzt, ebenso empfangend wie gebend. Sinn ist eine Art von Engagement, von „hautnah bei der Sache sein“.

Sinn ist ein Thema, das den Menschen in allen Lebensabschnitten angeht, denn immer ist Leben entweder zu gestalten oder zu bestehen. Der Weg nach vorne ist nicht festgelegt; auf die Zukunft hin ist alles offen.

Wer es nicht aufgegeben hat, sein Leben aktiv zu leben, wer um die Bewältigung des Alltags, um das Durchstehen einer Krise, eines Leides ringt oder einen Abschnitt seines Lebens plant, wer ein Ereignis feiern oder neue Ideen umsetzen will, der ist neben der Beschäftigung mit der unmittelbaren Aufgabe die ganze Zeit hindurch in geistiger Verbindung mit dem Wert seines Handelns. Eine Ausrichtung, ein „Wozu" – ganz gleich, ob es dem Menschen nun bewusst ist oder ob es spontan oder unbewusst ist – steht wie ein Programm hinter allem menschlichen Handeln: Jegliche Form der Auseinandersetzung mit dem Leben steht vor der Frage nach ihrer Sinnhaftigkeit. Bei einer solchen existentiellen Thematik ist es unerheblich, ob das Thema „Sinn" gerade in Mode ist, ob „man" davon spricht, weil das Thema „in" ist. Man hat den Sinnbegriff in den letzten Jahren sehr strapaziert, und mancherorts zeichnet sich bereits ein Desinteresse ab für alles, was unter „Sinn" läuft. Kein Wunder, muss man doch sagen, dass dieses Thema oft flach und sinnentleert behandelt und dem existentiellen Gewicht dieses Begriffs nur wenig Rechnung getragen wird. Was da nun außer Mode gerät, ist die *Art und Weise,* in der man an das Thema herangeht.

Mit der Sinnfrage selbst ist eine zutiefst menschliche Frage angesprochen. Darum erleben wir nach wie vor – in Vorträgen, Diskussionen und Publikationen – ein starkes, vitales Interesse aller Altersschichten und Berufsgruppen. Das natürliche Interesse an der Sinnfrage hat viele Gründe. Das Interesse hängt mit dem zusammen, was unter dem Begriff Sinn verstanden wird. Zumeist versteht man drunter etwas, das für das menschliche Leben ganz zentral ist. Von ihm hängt Gelingen oder Scheitern des menschlichen Lebens ab. Man weiß, dass Sinnlosigkeit Verzweiflung bedeutet. Solange der Mensch sein Leben noch nicht bestanden hat, ringt er mit dieser vitalen Frage, bewusst oder unreflektiert, sei es unter dem Begriff „Sinn" oder auch unter anderen Begriffen – das Thema bleibt dasselbe: *Was mit Sinn gemeint ist, hat mit dem Leben des Menschen zentral zu tun.*

Wie kommt das? Ist es nur deshalb, weil das Leben nicht abgeschlossen ist, weil die Zukunft ungewiss ist? Dann müssten ja auch die Tiere mit der Sinnfrage ringen.

Die Aktualität und Bedeutung der Sinnfrage, ihr Gewicht und ihre Unausweichlichkeit, stammt im Wesentlichen aus drei Grunderfahrungen des Menschen:

1. Mein *freier* Wille, mit dem ich zwischen den Möglichkeiten wählen kann.

2. Die Erfahrung, dass es nicht gleichgültig ist, was ich wähle: ich entscheide über *Werte.*

3. Die *Inkonstanz* der Situationen, die ständig wechseln.

Versuchen wir zunächst, den ersten Punkt etwas näher zu beleuchten (der zweite Punkt wird in diesem Kapitel nur unter dem Aspekt des Einflusses der Vorentscheidungen für die freie Wahl besprochen, um dann im dritten und vierten Kapitel eingehender behandelt zu werden.

Das Leben des Menschen ist eingebettet in ein inneres und äußeres Milieu. Jeder Mensch findet sich in einer physischen und sozialen Umgebung vor und ist mit Anlagen ausgestattet, die er nicht gewählt hat. Alles kommt nun darauf an, wie er sein Leben in dieser Welt *gestaltet.* Jeder Mensch kann aus seinem Leben und aus sich selbst etwas machen. Die sinnvolle Gestaltung des Lebens betrifft also zwei Bereiche: die *Situation* und den *Menschen* in ihr. Dem Menschen ist etwas zur Verfügung gestellt – nämlich Dinge und Situationen in der Welt, die sinnvoll verändert werden und eine menschenwürdige Gestalt bekommen können. Und was den Menschen betrifft, so heißt gestalten können, dass der Mensch als Handelnder und Erlebender eingreifen kann, dass er in seiner Freiheit aufgerufen ist, zu planen, zu unterscheiden und zu entscheiden zwischen den Möglichkeiten, die sich ihm bieten. Er ist letztlich selbst der Gestalter seines Lebens, er ist derjenige, der für sich und für seine Zukunft entscheiden kann. Es liegt an ihm, ob er diese Möglichkeiten aufgreift und ausbaut oder liegen lässt.

Es geht hier aber nicht um eine theoretische Diskussion über die Freiheit des Menschen. Der Punkt, an dem wir ansetzen wollen, ist Ihre eigene Erfahrung. Ich habe bisher noch niemanden gefunden, der geleugnet hätte, dass er Wahlmöglichkeiten in seinem Leben besitzt. Dies wird daran deutlich, dass jeder Situationen kennt, in denen er um eine Entscheidung ringt, wo man nach Informationen sucht, die es erlauben, eine richtige Entscheidung zu treffen. Im Beruf zum Beispiel wird diese Erfahrung sehr oft gemacht, wenn überlegt werden muss, welche Geschäftsverbindungen eingegangen werden sollen, welche Ware gekauft werden soll, ob dieses oder jenes Risiko noch tragbar ist. Manche Menschen können sich lange nicht entscheiden, wo sie ihren Urlaub verbringen sollen: am Meer oder in den Bergen? Und wenn dann etwas schiefgeht, werfen sie sich (falls sie selbst die Entscheidung getroffen haben) oder jemand anderem (der die Entscheidung für sie getroffen hat) vor, nicht die Alternative gewählt zu haben. Es bleibt den Menschen also bewusst, dass sie auch andere Möglichkeiten haben oder gehabt hätten und dass sie zu dieser Wahl nicht gezwungen worden sind (denn dann wäre der Vorwurf gegenstandslos und von vornherein entkräftet).

In der Logik dieser Erfahrung geht es nicht darum, *wie oft* ein Mensch keine Freiheit, also keine Wahlmöglichkeit hat, sondern es geht um die Feststellung, *dass* jeder Mensch wiederholt Entscheidungen trifft und sich selbst als Entscheidenden erlebt – als einer, der frei ist für die eine oder die andere Möglichkeit, die sich ihm bietet.

Der Mensch ist sehr wohl frei, aber seine Freiheit ist eben eine menschliche (und keine übernatürliche) und darum eine *bedingte Freiheit,* eine Freiheit innerhalb gewisser Grenzen (ausführlicher wird der Umgang mit diesem Faktum behandelt, z.B. in: Frankl 1982, S. 91ff.).

Es wäre ein fataler Fehler, diesen Spielraum nicht wahrnehmen zu wollen aus Trotz darüber, dass der Mensch eben nicht allmächtig ist.

In Bezug auf die Freiheit reagiert der Fatalist nämlich empört mit der Äußerung: „Wenn ich schon nicht die *ganze* Freiheit habe, dann verzichte ich eben auf den

Rest." – Immerhin ist der Mensch so frei, dass er auch diese Entscheidung fällen kann. Was wir aber wollen, ist die Freiheit, die nicht Verzweiflung, sondern echte Erfüllung bringt.

Sie werden vielleicht einwenden: Gut, es ist mir schon immer bekannt gewesen, dass ich in meinen täglichen Geschäften und in beruflichen Tätigkeiten bis zu einem gewissen Grad frei bin und manchmal Entscheidungen aus mir heraus treffen kann.

Sicherlich kann ich wählen, wo ich meinen Urlaub verbringe, was ich am Wochenende mache, mit wem ich rede und worüber ich spreche ... Aber das Leben, darunter stelle ich mir doch etwas ganz anderes vor. Denn was soll diese Freiheit, wenn ich das, was ich eigentlich tun will, nicht tun kann? Hat diese Freiheit überhaupt etwas mit meinem eigentlichen Leben zu tun?

Tatsächlich glauben viele Menschen, dass sie nur in einigen Nebensächlichkeiten des Lebens eine gewisse Freiheit haben, aber in dem, was das Leben ausmacht, halten sie sich für geprägt und gebunden durch Anlage und Erziehung. Alles, was mit ihrem eigentlichen Leben zu tun habe, das laufe von selbst ab und folge einer eigengesetzlichen Entwicklung.

Wie kommt es, dass manche Menschen solche Einwände gegen die Freiheit haben und sich in den wichtigen Lebensbelangen unfrei wähnen? Das hängt vor allem mit der Vorstellung zusammen, die Menschen vom „Leben" haben.

Man bekommt zumeist zwei Typen von Antworten zu hören. Die einen können keine genaue Antwort geben. Leben ist für sie etwas ganz Diffuses und Unüberlegtes, etwas, das mehr *Traum* ist als Wirklichkeit, eine Vorstellung, so unscharf und wirklichkeitsfern, dass sie nie eintreten kann. Das hat zur Folge, dass sie von einem Erlebnishunger getrieben werden, der nicht zu stillen ist, weil sie nicht wissen, wonach sie hungern. Sie wissen bloß, dass sie warten – sie warten, dass „etwas (los)sein" wird. Wirkliches Leben ist aber nicht erst dann möglich, wenn man im Lotto ein Vermögen gewonnen hat.

Andere haben sehr wohl ganz konkrete Vorstellungen von einem „wirklichen Leben". Es sind Vorstellungen von mehr Sicherheit oder Gesundheit, von besseren Lebensumständen (andere Partner, andere Berufe, mehr materielle Mittel usw.), von Leidensfreiheit, von mehr Macht zur raschen und problemlosen Durchsetzung des eigenen Willens – kurzum, es sind Vorstellungen, die um die Realisierung von Wünschen und selbstgesetzten Zielen kreisen, und oft nehmen sie den Charakter von Forderungen an. Ihr jetziges Leben ist in den Augen dieser Menschen bestenfalls (sofern sie noch nicht resigniert haben) eine Vorstufe zum eigentlichen Leben, das hoffentlich irgendwann einmal kommen wird. Derzeit leben sie in einem *Provisorium,* und was sie jetzt tun, ist nicht wirklich wichtig, denn ihr eigentliches Leben hat ja noch nicht begonnen. Natürlich kommt es auch vor, dass ein solches Gespräch zu einem Zeitpunkt stattfindet, da ein guter Teil des Lebens bereits vorübergegangen ist und die Menschen sich erschrocken fragen, ob das nun alles gewesen sei, was das Leben ihnen bieten konnte.

Es scheint zum Leben zu gehören, niemals fertig, niemals angekommen, ständig unterwegs und nie ganz in Sicherheit zu sein. In unserem Leben ist immerfort etwas offen. *Alle sind wir ein Leben lang in Erwartung.* Worauf warten die Menschen? Diejenigen, die sich in den entscheidenden Lebensbelangen für unfrei halten, warten auf ein „Geschenk" vom Leben, auf die Wunscherfüllung. Die anderen, die sich einen entscheidenden Einfluss auf ihr Leben zugute halten, erwarten die Umstände, um sie zu gestalten.

Das Leben stellt es frei, welche Einstellung wir ihm gegenüber einnehmen. Die einen warten also auf die Erfüllung ihrer Wünsche, die sie als Geschenk vom Leben erhalten wollen, um lebensfähig zu sein (oder zumindest nicht benachteiligt zu sein, weil sie sonst glauben, „verkrüppelt" im Leben dazustehen). Es ist, als ob in dieser unreifen Haltung der kindliche Wunsch an die Eltern weiterbestünde, versorgt und „gefüttert" zu werden. Manche stellen die Erfüllung ihrer Wünsche als rechtmäßige *Forderung* an das Leben auf. Die Tatsache, ungefragt in dieses Leben geworfen zu sein, gibt ihnen ihrer Auffassung nach das Recht, die besten Umstände verlangen zu dürfen. (Damit kein Missverständnis aufkommt, sei betont, dass hier von Forderungen an das Leben, an das Schicksal, die Rede ist, und nicht von legitimen Forderungen an eine soziale, mitmenschliche Gerechtigkeit.) Aber diese Wünsche und Forderungen zielen auf etwas ab, das man haben will und das darum ständig vom Verlust *bedroht* ist, bis man es einmal (spätestens am Totenbett) auch wirklich verliert.

Die anderen wählen einen *„existentiellen Weg"* in dem, worauf sie ausgerichtet sind. Ihnen geht es in erster Linie nicht darum, mehr zu haben, sondern darum, ihr Leben bestmöglich zu *gestalten* vor dem Hintergrund jener Wirklichkeit, in der sie zu dem gegebenen Zeitpunkt ihres Lebens gerade stehen. Ihre Erwartung hat eine *offene* Form, und anstatt auf (von innen heraus projizierte) Wünsche und Forderungen ausgerichtet zu sein, erwarten diese Menschen interessiert und doch gelassen das, was das Leben noch bringen wird. Ihr Interesse ist vornehmlich darauf gerichtet, wie sie sich selber den Herausforderungen des Lebens stellen werden und was sie aus den gegebenen Umständen („Schick"-sal) machen werden. Leben kommt nicht darin zur Fülle, dass ihre Wünsche und Rechte erfüllt werden. Leben, existentiell gesehen, ist vielmehr dreierlei:

nämlich zu *erleben,* was an sich Wert hat, was als gut oder schön und bereichernd erfahren werden kann;

zu *verändern* und zum Besseren – zum an sich Besseren und nicht nur „für mich" Besseren – zu wenden, wo immer es möglich ist;

und wo dies nicht möglich ist, wo es nötig ist, die Umstände zu ertragen, da gilt es, sie nicht einfach passiv hinzunehmen, sondern an ihnen trotz allen Leidens selber zu wachsen und zu reifen, in der vollen Entfaltung des Menschenmöglichen *sich selbst noch zu verändern,* sich selbst zum Besseren zu wenden.

Damit haben wir, vorwegnehmend, die Franklsche Lehre von der schöpferischen, den Erlebnis- und Einstellungswerten als die drei Wege zu einem sinnerfüllten Leben skizziert (sie nehmen einen zentralen Platz im System der Existenzanalyse ein und sind in ihrer Anwendung in Form der Logotherapie auch von praktischer Bedeutung).

Wenn wir nun zurückkommen auf die Frage von vorhin, ob es Freiheit auch in dem gibt, was mein Leben zentral betrifft, so kann jetzt gesagt werden, dass die Antwort von der (veränderbaren!) Auffassung abhängt, was das Leben sei. Wird nämlich unter „Leben" die Erfüllung von Wünschen und Forderungen verstanden, so ist dieses „Leben" *abhängig* von den Umständen und insofern nicht frei. Wird das Leben aber existentiell gesehen, als die Auseinandersetzung meiner Person mit den mir gegebenen Umständen der derzeitigen Lebenssituation, so ist es voll von *Möglichkeiten,* wie es gestaltet oder ertragen werden kann.

Bei unseren Überlegungen über die Freiheit des Menschen ist noch etwas Wichtiges zu berücksichtigen. Sagten wir weiter oben, dass der Mensch keine absolute Freiheit hat, sondern nur *frei ist in der Gestaltung* der Umstände seines Lebens, so kommt noch dazu, dass wir auch über unsere begrenzte Freiheit nicht jederzeit verfügen können! Das Leben ist voll von Gelegenheiten – und diese können nicht nur verpatzt, sondern auch verpasst werden! Wie ein Haus aus vielen Ziegeln gebaut wird, so bauen auch wir unser Leben aus vielen kleinen Entscheidungen auf, und die letzten Entscheidungen ruhen jeweils auf den vielen Stockwerken früherer Entscheidungen, die sogar der Erinnerung und dem Bewusstsein schon längst entschwunden sein können. Dennoch bedingen sie die Möglichkeiten, die sich heute auftun, und geben die Richtung für weitere Entscheidungen vor. Wenn ein Mensch beispielsweise aus reiner Neugier oder aus Verärgerung über die Belastungen in seinem Leben zu Alkohol oder Rauschgift greift, so ist diese Entscheidung durchaus frei, wie es auch die nächsten Versuche noch sind. Im Lauf der Zeit entwickeln sich aber ein Automatismus und eine Abhängigkeit, die diese Freiheit immer mehr einengen, so dass es fortan immer schwerer wird, auf diese Dinge zu verzichten. Durch die wiederholte Ausübung gewisser Handlungen und Tätigkeiten, ganz gleich ob es vertretbare oder unverantwortliche Handlungen sind, werden diese Lebenswege gebahnt und eingeübt, und andere Wege fallen daneben aus. Übersehen wir niemals, dass Freiheit eine *Geschichte* hat. Frühere Entscheidungen (Vorentscheidungen) bedingen die Möglichkeiten von heute, sie erweitern sie oder schränken sie ein.

Manchmal, wenn wir in Therapiegesprächen auf diese Fragen zu sprechen kommen, sind die Patienten ganz überrascht über ihre Feststellung, wie frei sie eigentlich schon immer waren in der Gestaltung ihres Lebens. Ein Patient beispielsweise litt unter anhaltenden Angstzuständen und schmerzhaften muskulären Schulterverspannungen; er hatte Angst, er könnte sich gegen seinen Willen von einer Stiege hinunterstürzen, oder seine Frau könnte ihn ohne seine Einwilligung verlassen. Nach einer existenzanalytischen Erhellung der Umstände, die zu seinen Angstzuständen geführt hatten, musste er feststellen, dass er sich schon jahrelang eigentlich gegen sich selbst und gegen sein Gespür für das Richtige gestellt hatte. In ungezählten kleinen Entscheidungen – und es stellte sich eben heraus, dass es Entscheidungen waren! – hatte er sein „besseres Wissen“ negiert und anstehende Fragen und Aufgaben dann beiseite geschoben, wenn sie seinem vorrangigen Ziel nicht dienlich waren. Worin bestand dieses Ziel? Sichtlich waren die Angstzustände deshalb ausgebrochen, weil sein Leben, so wie er es sich einrichten wollte, in äußerste Gefahr geraten war und vor dem Absturz ins Nichts stand. Die Lebensenge, in die er sich dadurch hineinmanövriert hatte, wurde in seiner Angst nun sichtbar – dies galt es in der Therapie zu entschlüsseln und dann in einem Übungsprogramm abzubauen.

Auch Ihnen wird es vielleicht so gehen, dass Sie erstaunt oder gar erschreckt sind, wenn Sie sich überlegen, wie oft Sie an einem einzigen Tag, in einer einzigen Stunde Möglichkeiten haben, sich mit Ihrer Welt oder mit sich selbst auseinander zu setzen, wie oft Sie sich entscheiden, meistens (und zu Recht!) ganz „spontan" und ohne viel (bewusste) Überlegung. Tatsächlich hat jede Minute Dutzende von Möglichkeiten, kleinste und größte Möglichkeiten, zwischen denen wir ununterbrochen wählen und jeweils eine heraussuchen. So gestalten wir unser Leben, jeder einzelne, denn das, womit wir uns in dieser Stunde, in dieser Minute auseinander setzen, das *ist* unser Leben in dieser Stunde, das wird einmal unser Leben in jener Stunde gewesen sein.

2. Kapitel

Ausweichmanöver

Freiheit zwingt zur Entscheidung – Typische Ausweichmanöver: die konformistische und die totalitäre Haltung – Orientierungslosigkeit, ein geistiger Notstand unserer Zeit, führt zu existentiellem Vakuum und Willkürhandlungen

Wir sprachen im letzten Kapitel von der Freiheit, die der Mensch in einem gewissen Rahmen in der Gestaltung der Umstände und in der Prägung seines eigenen Lebens hat. Freiheit aber ist Geschenk und Bürge zugleich. Denn wohl eröffnet sie einem den Raum zur personalen Ausgestaltung des Lebens, aber gleichzeitig verlangt sie uns zwingend Entscheidungen ab. (Zwingend – denn auch in Situationen, in denen man sich weder für die eine noch für die andere Sache entscheidet, hat man sich dennoch entschieden – eben für nichts.) Später einmal wird man sich stolz, vielleicht auch wehmütig zurückerinnern an eine Situation, im Bewusstsein, dass man damals frei – war. Was immer ich aus meiner Freiheit zum Gelingen oder zum Scheitern gebracht habe – ich habe es selbst getan, habe aus eigenem Antrieb das eine bevorzugt und das andere zurückgestellt. Einerlei ob diese Entscheidung als gut oder schlecht in meinem Leben, in meiner Lebensgeschichte dasteht – verantwortlich bin ich allemal. Verantwortlich bin ich in jedem Fall, wo ich frei bin (darauf werden wir im letzten Kapitel eingehen).

Manche Menschen scheuen aus diesem Grund den Weg der personalen Freiheit, denn es ist ihnen unangenehm und lästig, selbst verantwortlich zu sein, falls das, was sie tun, nicht gelingt. Wie angenehm ist es, für solche Fälle einen „Sündenbock", eine Ausrede, zu haben! Man braucht sich nicht zu schämen, vor sich selbst nicht und auch nicht vor den andern; und man braucht sich in der Folge nicht zu verändern, was zu den mühsamsten Geschäften des Lebens gehört.

Worauf reden sich die Leute gerne aus? Da gibt es jene Gruppe von Ausreden, die auf einen *Konformismus* hinauslaufen. Die Leute sagen dann, dass „man" doch nicht anders könne, denn „heute" sei das so und man wolle auch nicht schlechter dastehen als die anderen... außerdem täten es ja alle, und einmal sei keinmal... Wenngleich diese Ausreden in jedem Lebensalter vorzufinden sind (und es bedarf nicht des Blickes in die psychotherapeutische Praxis, um eine anschauliche Zahl passender Beispiele zu finden), so scheint die konformistische Ausrede nach meiner Erfahrung eher das Problem der jungen Menschen zu sein.

Andere hingegen fühlen sich durch irgendwelche Mächte gezwungen, so und nicht anders zu handeln. Ausreden vom *totalitären* Typus weichen einem Druck aus, sei er von innen oder von außen, der den Spielraum einengt: Einmal sind es die gesellschaftlichen Umstände, die politische oder wirtschaftliche Situation, ein andermal die beruflichen Notwendigkeiten oder auch die Heftigkeit der eigenen Triebe, die Erziehung, die „internalisierten“ Eltern.

Bei diesem Typus von Ausreden geht es nicht mehr um das Sich-Anschließen an die Meinung anderer, sondern die Menschen fühlen sich einem Druck ausgesetzt, dem sie sich ausgeliefert glauben.

Ein Beispiel soll verdeutlichen, was hier gemeint ist:

So sagte mir einmal eine vierzigjährige Pädagogin und Professorin während eines existenzanalytischen Gespräches: „Alles ist Erziehung, was den Menschen ausmacht.“ Auf die Frage, wie sie das meine, zählte sie mir die Einflüsse auf, denen das Kind ausgesetzt ist. Und sie wusste von Einflüssen zu berichten, die schon vor der Geburt beginnen und bis ins Erwachsenenalter reichen. „Die Erziehung verbildet schließlich den Menschen. Er kann ihr nicht entkommen – er ist durch die Erziehung programmiert. Denn die Erziehung impft dem Menschen ein, wie er sich entscheiden wird, und sie prägt ihn auf das, woran er sich erfreuen wird. Sehen Sie, so war es auch bei mir. Dass ich zu Hause echte Teppiche habe und dass sie mir auch gefallen, das ist bloß der Erziehung durch meine Mutter zu verdanken. Ich selbst lege eigentlich keinen Wert darauf.“ Soweit die Frau.

Die Stimme der Frau war an dieser Stelle hart geworden, beim einfühlenden Zuhören tat die Art weh, in der sie über sich gesprochen hatte. Der Verdacht, dass diese Aussage ihr als Ausrede diente, um sich selbst nicht entscheiden zu müssen, konnte durch eine Existenzanalyse bestätigt werden. Das Gespräch erhellte der Frau, dass sie sich jahrelang mit dieser Behauptung um einen Wertekonflikt gedrückt hatte! Die schönen Teppiche und ähnliche Luxusgegenstände zu Hause konnte sie aus sozialen Gründen heraus eigentlich nicht rechtfertigen. Ihrem eigenen Empfinden nach würden auch einfache Dinge, die den Zweck erfüllen, genügen. In manchen Lebensbereichen hält sie einen einfachen Lebensstil tatsächlich durch. Sie redet einer einfachen Lebensweise grundsätzlich das Wort und hält sie für natürlicher und besser als ein Leben mit Luxusgütern.

Dieses Dilemma, nämlich ob der Luxus sie vom eigentlichen Leben abdränge, schwelte also all die Jahre hindurch, gepaart mit der anderen Frage, ob Luxus sozial zu verantworten sei. Darüber hinaus fanden wir, dass sie im Grunde sehr unsicher sei in der Frage, was sie denn selbst als wirklich schön empfinde.

Es wurde deutlich, warum diese Frau den Einfluss der Mutter hochhielt. Sie wollte auf gewisse (Luxus-) Dinge nicht verzichten. Und sie wollte ihre Unsicherheit in der Frage, was wirklich schön sei, nicht eingestehen. So versteckte sie sich hinter dem, was die Mutter vorgelebt und ihr beigebracht hatte. Es ist nur konsequent, dass sie nach einigen Jahren genau das empfand, was sie sagte: „Alles ist Erziehung."

Natürlich hat Erziehung einen Einfluss auf den Menschen und soll ihn auch haben. Persönliches und eigenständiges Leben fängt aber erst dort an, wo der Mensch beginnt, zu den Erziehungseinflüssen Stellung zu nehmen. Diese Frau hat im Bereich der Anschaffung von Luxusgütern ihr eigenes Leben noch nicht zu leben begonnen. Sie hat sich den Konflikten über die Werthaftigkeit von Luxusgegenständen nicht gestellt, hat darin keine persönliche Meinung entwickelt; sie hat eine Fremdmeinung gelebt.

Mit Ausreden aber wird das Leben unter seinem Wert gelebt.

Nun, entscheiden muss der Mensch auf jeden Fall; und es ist letztlich auch eine Entscheidung, ob er sich auf ein „konformistisches" oder auf ein „totalitäres" Ausweichmanöver einlässt. Was aber sagt uns, wie wir uns entscheiden sollen? Woran können wir uns halten, wenn die Lage noch unentschieden ist? – Wir werden darauf im nächsten und übernächsten Kapitel eingehen. Jetzt wollen wir uns fragen, was geschieht, wenn keine echte Antwort auf diese Problematik gefunden wird.

Man kann beobachten (vgl. z. B. Frankl 1978, S. 39ff.), dass das Fehlen von Entscheidungshilfen zu einem besonderen Problem, zum geistigen Notstand unserer Zeit, herangewachsen ist. Frankl beschreibt das Heraufkommen der Orientierungsnot unserer Zeit sehr knapp und treffend so:

„Im Gegensatz zum Tier sagen dem Menschen keine Instinkte, was er muss, und im Gegensatz zum Menschen von gestern sagen dem Menschen von heute keine Traditionen mehr, was er soll. Nun, weder wissend, was er muss, noch wissend, was er soll, scheint er oftmals nicht mehr recht zu wissen, was er im Grunde will. So will er denn nur das, was die anderen tun – Konformismus! Oder aber er tut nur das, was die anderen wollen – von ihm wollen – Totalitarismus." (Frankl 1985, S. 13).

Die Zunahme der Freiheit wird nur dann als Befreiung erlebt, wenn der Befreite auch weiß, was er will.

Denn frei zu sein, ohne zu wissen, „wozu" diese Freiheit verwendet werden soll, solche Freiheit ist auf die Dauer von einem unerträglichen Leeregefühl begleitet, das sich alsbald zur Qual auswachsen kann (denken Sie an die bekannten „Sonntagsneurosen", „Weekenddepressionen"!). Frankl hat dieses Leeregefühl, das gepaart ist mit einem abgründigen Sinnlosigkeitsgefühl, *„existentielles Vakuum"* genannt (wir werden darauf noch zurückkommen; vgl. S. 83). Die oben geschilderten Verhaltensweisen des konformistischen und des totalitären Typus entstammen ebenfalls einer inneren Orientierungslosigkeit und stellen Versuche dar, der unbequemen Entscheidungsfähigkeit zu entgehen. Man fügt sich den anderen und versucht so, der größten Qual aus dem Wege zu gehen. Eine der größten Qualen ist es nämlich, der Willkür ausgesetzt zu sein – und sei es auch der eigenen! Das Unerträgliche an der Willkür ist das Ausgeliefertsein an ein unberechenbares, blindes Diktat des Augenblicks. Der Willkür geht es um nichts, außer um Selbstaufgabe. Willkür will Unterordnung um ihrer selbst willen. Die Willkür legt sich grundlos auf etwas fest, will stets das, was der Zufall in die Hände spielt. Wer nach dem strebt, was ein beliebiger Impuls ihm gerade in den Kopf setzt, wer willkürlich nach etwas langt – und hätte er etwas anderes verlangt, so wäre es ohne Unterschied für ihn –, der hat seine Freiheit verworfen, bloß um sie loszusein.

Gewiss, Freiheit kann lästig sein, denn sie verlangt nach Orientierung, um den anstehenden Entscheidungen nicht hilflos gegenüberzustehen. Statt den eigenen Orientierungssinn zu schärfen, ist es immer wieder verlockend, der Freiheit auszuweichen, indem man sich der Entscheidung anderer anschließt oder ins Beliebige flüchtet, um sich ihrer (etwa durch Alkohol oder Willkürakte) möglichst rasch zu entledigen. Alles Beliebige, alles Unverbindliche bleibt ein Einerlei, ist an sich wertlos, lebt nur von einem kurzen, unmittelbaren Zweck, den es zu erfüllen hat. Von einer solchen Lebenszeit („Es ist egal, was ich mache …“) bleibt dann auch nichts zurück als die Erinnerung, dass diese Zeit die Gelegenheit zu etwas gewesen wäre …

In diesem Rahmen bewegte sich ein Mann, in dessen Leben es mit 35 Jahren sehr eng geworden war. Während sich auf der einen Seite des Pfades der Sog einer schwindelerregenden Tiefe auftat, türmte sich auf der anderen ein Berg von unerledigten Aufgaben, ein Berg, der so groß und steil war, „dass es gar keinen Sinn mehr hatte, etwas anzufangen“. Der Weg dazwischen war schmal geworden, schon seit längerer Zeit. Aber nun gesellten sich zur Angst auch Unruhe und Hitzegefühle, Kreislaufbeschwerden und Verdauungsstörungen. Tagsüber war er depressiv, müde, lebensunlustig. Nachts hatte er Schlafstörungen und öfters Alpträume, die immer mit Prüfungssituationen zu tun hatten.

Von sich selbst sagte er, er sei ein „bunter Hund“. Sein Elternhaus sei schlecht gewesen, und „nachher passierte nichts Entscheidendes mehr in meiner Freiheit“. Sein Leben war von Jugend auf eine Flucht gewesen, eine Flucht vor allen wirklichen Entscheidungen. Er lebte seit zwanzig Jahren nur provisorisch, lebte für den Augenblick, für die kurzfristige Erleichterung, und bediente sich der Gelegenheiten, die ihm der Zufall in die Hände spielte. Sein „existentielles Vakuum“, seine innere Leere betäubte er mit vielerlei verzettelten Aktivitäten, um sich damit das Gefühl zu verschaffen, kein sinnleeres Leben zu führen.

Er habe „Entscheidungen immer aufgeschoben, schon in der Schule", erzählte er weiter. Wenn Prüfungen oder Schularbeiten angesagt waren, sei er nicht erschienen. Statt sich mit seinen Eltern auseinander zu setzen, plante er, nach Australien auszuwandern, und flüchtete mit Hilfe solcher Pläne in eine Traumwelt. In den Träumen spielte sich sein eigentliches Leben über all die Jahre hinweg ab. Als ihm nach der Schulzeit eine fixe Anstellung verschafft worden war, ging er am ersten Tag statt zur Arbeit zum Zahnarzt (!) und ist nie an der Arbeitsstelle erschienen. Jahrelang machte er „kleine Jobs", weil er einen langen Aufenthalt in Indien vorhatte, und Jahr für Jahr begann er wieder einen „Job, weil es eh nur für ein Jahr war". Und Jahr um Jahr verging, und es kam auch nie dazu, dass er nach Indien gegangen wäre.

Er hatte sich nie für etwas entschieden, er entschied immer gegen etwas. Aus einem Erbteil zum Beispiel kaufte er ein Haus, aber nicht weil er ein Haus gewollt hätte, sondern weil er das Geld nicht verkommen lassen wollte. Bald verkaufte er es wieder und kaufte sich ein Wohnmobil, weil er nicht an einem festen Ort leben wollte. Das Wohnmobil war Symbol für seine Lebensweise: „Ich wollte die meiste Zeit des Jahres auf Achse leben!" Er verkaufte es aber bald und kaufte sich dafür ein Boot, um eine Weltumsegelung zu machen. Am ersten Tag der Weltreise kehrte er in den Hafen zurück. Er verkaufte das Boot: Er hatte Angst vor der weiten Leere.

Er tat und wollte das Gegenteil von dem tun, was alle taten. Er wollte keinen Konformismus. Er tat das, was alle nicht taten, er wollte aussteigen. Als Heranwachsender hatte er sich einer Jugendgruppe mit dem bezeichnenden Namen „Die Wandervögel" angeschlossen. In dieser Gruppe fand er erstmals Halt in seinem Leben. Später fand er wiederum Halt bei einem Aussteiger, der kurzzeitig jobbte, um dann lange herumzutrampen. „Ihn habe ich mir zum Guru erkoren."

Sein Leben war bestimmt durch andere Menschen. Den einen folgte er nach, wie dem Guru oder den Wandervögeln, von den anderen wollte er sich abgrenzen. Er wollte nicht so leben „wie alle". Er wollte die Ungebundenheit, die totale Freiheit. Sich für etwas entscheiden hieß für ihn: sich festlegen. Es war ihm klar, dass mit einer Entscheidung eine Verantwortung verbunden ist, die er scheute. Er hatte Angst, zu versagen, wenn er etwas konkret angehen würde, er hatte Angst, nichts wert zu sein, weil er Fehler machen könnte, wenn er sich auf etwas einließe. Er hatte eine fast wehleidige Angst vor allem Unangenehmen, und nichts konnte in seinen Augen unangenehmer sein als die Realität. Er flüchtete „vor den Schlägen der Wirklichkeit" in die Traumwelt eines Lebens in Australien, malte sich den mächtigen Eindruck aus, den eine möglichst lange Indien-Expedition auf seine Freunde zu Hause machen würde, träumte von der Weltumsegelung und zog sich in die Scheinwirklichkeit schöner Gefühle zurück.

Versucht man zu verstehen, weshalb dieser Mann so gelebt hat, so wird man – seinen eigenen Worten folgend – viele Gründe in seiner „schlechten Kindheit" finden. Tatsächlich hatte er dort gelernt, der harten Wirklichkeit aus dem Wege zu gehen, indem er ausriss oder sich in die Träume flüchtete. Er ist als Kind so oft geschlagen worden, dass er sich die Wirklichkeit gar nicht anders vorstellen konnte als verbunden mit Schlägen. Und die frühen Schläge hatten ihn sehr verwundet.

Alles, was ihm heute als unangenehm erschien, mag ihn an diese Schläge erinnert haben. Selbst als Erwachsener floh er noch immer vor den Schlägen seiner Kindheit und dem Jähzorn seiner Mutter.

Er fühlte sich sehr verstanden, als ihm das so gesagt wurde. Das existenzanalytische Gespräch hatte aber etwas ganz Entscheidendes zutage gebracht, was vom Therapeuten folgendermaßen anvisiert wurde:

„Ich kann Sie gut verstehen: Es blieb Ihnen in all den Situationen gar nichts anderes übrig. Sie mussten es offensichtlich so machen, und Sie haben es im Rahmen Ihrer Möglichkeiten gut gemacht."

Da geschah etwas ganz Merkwürdiges. Zum ersten Mal nahm der Mann bewusst Stellung zu seinem Leben und sagte: „Das stimmt, ich hatte immer das Gefühl, nichts gegen die Wirklichkeit unternehmen zu können. Ich handelte immer in dem Gefühl: ‚Es bleibt mir nichts anderes übrig, als so zu handeln.' Aber gut habe ich es nicht gemacht. Wirklich nicht. Ich habe mich nie auf die Realität vorbereitet! Ich fühle mich zwar schuldlos, aber ich habe es nicht gut gemacht mit meinem Leben."

Der Kern der Problematik war genau getroffen. Dieser Mann hatte sich zeitlebens bei allen „Entscheidungen" unfrei gefühlt, es blieb ihm „nichts anderes übrig", er glaubte immer, keine Wahl zu haben. Denn er wusste nicht, was er gegen die widrigen Umstände unternehmen könnte, außer zu fliehen. Wirklich verantwortlich und im Versagensfalle wirklich schuldig kann der Mensch nur dort sein, wo er frei gehandelt hat. Und so sagte er denn auch: „Und wenn es eine Schuld gäbe in meinem Leben, ich wüsste nicht, wo sie liegen könnte." Er fühlte sich unfrei, weil er keine anderen Strategien kannte, die es ihm erlaubt hätten, sich mit der Wirklichkeit auseinander zu setzen, statt vor ihr zu fliehen.

Das Leben dieses Mannes war ein einziger Versuch, der Unfreiheit zu entrinnen; aber je schneller er rannte, desto fester verfing er sich in ihren Fesseln. Und er wusste nun, dass es nicht „gut" war zu rennen, aber er wusste nicht, wie er an sein Ziel gelangen könnte.

Die Therapie bestand nun darin, mit ihm zu überlegen, wie man der „harten Wirklichkeit" begegnen könne. Wir buchstabierten die eine und andere Situation seines Lebens durch, hielten dem unangenehmen Begleitgefühl zusammen stand und überlegten, wie er einem Prüfungstag (vergleiche die Alpträume!) begegnen könnte. Er fand Mittel und Wege, dem Unangenehmen in seinem Leben in die Augen zu schauen und es auf der Ebene der Realität zu erledigen. Wir sprachen davon, dass es keinen Menschen gebe, der große Fehler machen will, dass sie aber unglücklicherweise dennoch passieren (was ihm „noch nie so klar" gewesen war). Wir sprachen darüber, wie man mit kleinen Schritten etwas aufbauen kann, das einem wichtig erscheint. Wir sprachen davon, dass er sich noch nie gefragt habe, wo er gebraucht werde! Wir sprachen schließlich vom Erfolg (vgl. Kapitel 5), und er meinte abschließend: „Jetzt weiß ich, dass ich mich um die Tat bemühen muss, aber nicht um den Erfolg!"

Die Gespräche dauerten insgesamt ein paar Stunden. Als er später einmal vorbeikam, berichtete er von seinem neuen Lebensgefühl, das von anhaltendem Bestand war. Er fühle sich sehr befreit und wohl. Er wisse jetzt, dass man etwas tun könne im Leben und dass man nicht identisch sei mit der eigenen Angst. Monate später sagte er, er habe einen „richtigen Überblick" über sein Leben gewonnen.

Dass die wenigen Gespräche in einigen Tagen eine solche Wende in seinem Leben bewirken konnten, war nicht zuletzt auf seine Flexibilität zurückzuführen, die er sich durch sein bisheriges Leben erhalten hatte. Natürlich ist auch diese Lebensgeschichte, wie die eines jeden anderen Menschen, sehr viel komplexer. Noch viele weitere Aspekte könnten aus ihr herausgearbeitet werden. Entscheidend aber war es, den „Fluchtpunkt" seiner Handlungen und Erlebnisse, seine Lebenslinie, herauszuarbeiten. Und diese bestand im irrigen Glauben, nichts gegen die Wirklichkeit unternehmen zu können. Er wählte daher die Flucht, aber die Wahrheit holte ihn stets ein. Er lebte provisorisch, aber die Beschwerden wurden zum fixen Inventar. Und während er die angenehmen Gefühle zu retten versuchte, hätte er beinahe die ganze Welt verloren.

3. Kapitel

Wege zum Sinn

Unterscheiden und Entscheiden – Sinn hängt von Situation und Person ab – Die Bedeutung von Sinn – Drei Hauptstraßen zum Sinn: Erlebniswerte, schöpferische Werte, Einstellungswerte; Umgang mit unabänderlichem Leid

Die Freiheit des Menschen besteht darin, dass ihm eine große Zahl von äußeren Möglichkeiten und persönlichen Verhaltensweisen offensteht. Mit der Freiheit ist aber ein *Auftrag* verbunden. Er besteht darin, herauszufinden, woran man sich *orientieren* kann bei seiner Entscheidung. Denn Entscheidung verlangt nach einer Gewissheit – geht es doch um einen persönlichen Einsatz! In den geschilderten Lebensweisen kam es zu keiner persönlichen Vergewisserung: Der Sinn der Freiheit wurde nicht erfasst.

Der Sinn der Freiheit liegt, mit anderen Worten, darin, nach Gründen zu suchen, anhand derer eine wirkliche Entscheidung erst möglich wird. Einer wirklichen Entscheidung gehen zwei Schritte voraus:

1. *Information.* Man muss sich Wissen aneignen, muss die Sachlage kennen. Es muss klar werden, worüber entschieden wird und welche *Wahlmöglichkeiten* bestehen.

2. *Erfassen der Wertigkeit.* Die erhaltenen Informationen werden gegeneinander abgewogen im Hinblick auf ihren Eigenwert und Nutzwert.

Diese beiden Schritte ergeben die

3. *sachbezogene Orientierung* als Anleitung für die Entscheidung.

Es bestehen natürlich auch andere Orientierungsmöglichkeiten: Religionen, philosophische Systeme, Ideologien, Gruppenmeinungen. Wenn nicht Angst, Fanatismus oder Wahn bei ihrer Adoption Pate gestanden sind, dann gehen auch hier diese Schritte voran. Als Nicht-Theologe steht es mir nicht zu, über den religiösen Glauben Aussagen zu machen; doch will es mir scheinen, dass ein tief empfundener Glaube nicht ganz in dieses System passt, weil er von einer wesentlich intuitiven Schau genährt wird, die vielleicht schon mehr Gnadencharakter hat.

Kehren wir nun zurück zur existenzanalytischen Thematik, die ja diesseits des religiösen Glaubens ihre Erkenntnisse entwickelt, so dass sie für jeden Menschen unabhängig von seinen religiösen Bindungen, gleichermaßen anwendbar bleibt.

Sich *ent*scheiden bedarf also zuvor der *Unter*scheidung! Nur *ein* Weg ist unter den gegebenen Umständen und für gerade diese Person der beste Weg. Wie im positiven Bereich, so gibt es auch im negativen Spektrum eine Hierarchie der Werte. Die Kosten, die Nebenwirkungen, die Schattenseiten, die man in Kauf nehmen muss, können ein unterschiedliches Ausmaß annehmen.

Im Freisein liegt der Auftrag, die Dinge gegeneinander abzuwägen, auf ihren Wert und ihre Bedeutung hin zu prüfen und das Bessere vom weniger Guten, das Harmlose vom Schädlichen zu scheiden. Durch das *Unterscheiden* beginnen sich Strukturen abzuzeichnen, von denen her die Entscheidung oftmals selbstverständlich wird. Durch die Gewichtung der Dinge nach ihrem Wert und ihrer Bedeutung kristallisiert sich aus der undifferenzierten Menge von Möglichkeiten die spezifische Chance der jeweiligen Stunde heraus. Im Ergreifen dieser jeweils einmaligen Chance maximiert der Mensch die Fülle seines Lebens, diese eine Möglichkeit allen anderen Möglichkeiten vorziehend, welche dadurch zum Hintergrund der Entscheidung wird. Durch das wählende Aussondern der einen Möglichkeit wird diese vor den andern ausgezeichnet und in der Ausübung schließlich zum *„Be-sonderen".*

Es ist also nicht so, dass der Mensch hilflos mit seiner Freiheit sich selbst überlassen ist, verloren in einer inneren Leere und unfähig, sich Orientierung zu verschaffen. Tatsächlich sind wir imstande, uns in jeder Situation zu orientieren, um eine fundierte und authentische Richtung für das nächste Stück Leben ausfindig zu machen. Denn die Möglichkeit, die hinsichtlich ihres Wertes und ihrer Bedeutung als die *wertvollste Möglichkeit der jeweiligen Situation* erfasst wird, diese Möglichkeit birgt die Fülle des aktuellen Seins; sie stellt den *Sinn* der Situation dar. Was wir hier beschreiben, ist eine Definition des existentiellen Sinns.

Sinnvolles Leben heißt darum nicht mehr, aber auch nicht weniger, als das *Bestmögliche* aus den Umständen und Möglichkeiten einer Situation zu machen. Die Realität, uns Menschen miteingeschlossen, ist nicht fertig; sie ist erst noch „per-ficere“, sie soll mit unserem Handeln bestmöglich „durch-wirkt“ werden, damit sie „perfekt“ werde. Die Möglichkeiten eines jeden Augenblicks sind schier unerschöpflich, und wer auch nur etwas Übung im Gebrauch der Freiheit, in der Wahrnehmung der Spielräume und im Einsatz der Phantasie (Kreativität) hat, dem reicht ein Leben längst nicht aus, alles das zu tun, was ihm gefällt, was ihn interessiert und wo er sich gebraucht weiß.

Sprachen wir im letzten Kapitel von der Gefahr, dass der Mensch mit seiner Freiheit (verstanden als Unverbindlichkeit) in einer inneren Leere sich verloren fühlt und sich rasch an eine sich bietende Ersatzform von Freiheit anklammert, so besteht nun andererseits die Gefahr, dass er sich in der Fülle von Interessen und Möglichkeiten verlieren könnte und so erst recht wieder ratlos wird. Er steht vor der „Qual der Wahl“; er *muss* sich entscheiden.

Hat man deswegen zu viel Freiheit, wenn man zwischen einer großen Zahl von interessanten und wertvollen Gelegenheiten und Möglichkeiten auswählen muss? Im Unterschied zur Situation der Leere und Interesselosigkeit, wie sie vorher beschrieben wurde, besteht jetzt eine völlig andere Lage: Keine Spur ist mehr da von jener Leere, von der Flaute eines existentiellen Vakuums, das Leben ist reich geworden und voll. Die Freiheit des Menschen ist die gleiche, die Intensität und Fülle, mit der gelebt wird, aber grundverschieden.

Halten wir einmal fest: Der Mensch ist frei, sich zu entscheiden, und er kann sich dieser Freiheit nicht wirklich entziehen. Der Auftrag, der mit dem Freisein verbunden ist, besteht im Unterscheiden und im Entscheiden. Nur so kann sich der Mensch in der Auseinandersetzung mit jeder Situation den besten Weg erschließen. Dieser Weg wird als „Sinn" bezeichnet. Sinn kann demnach *definiert* werden als eine Möglichkeit, die sich vor dem Hintergrund der Wirklichkeit auftut. Sinn ist also stets ein ganz realistischer, den Umständen entsprechender Weg.

Wie aber erkennt man, woran sieht man, was die jeweils *beste* Möglichkeit ist? Kann man wissen, ob nicht eine andere Entscheidung besser wäre? Gibt es eine Gewissheit, das Richtige getan zu haben?

Um diese Fragen beantworten zu können, muss noch deutlicher gemacht werden, was „Sinn" ist. Wir sagten, dass „Sinn" etwas ganz Spezifisches, auf sie zugeschnitten ist. Das Besondere jeder Situation sind die ihr innewohnenden Möglichkeiten. Sie wechseln und sind in jeder Situation jeweils aufs neue herauszufinden. Sie müssen aber nicht nur ausfindig gemacht werden, sie sind jeweils auch in ihrer Wertigkeit gegeneinander aufzuwiegen – denn es gilt nicht irgendeine Entscheidung zu treffen, sondern die „bestmögliche", die richtige.

Wie wir gleich sehen werden, gibt es dafür prinzipielle Anleitungen. Soviel über die eine Seite von Sinn, die von der Situation abhängt.

An dieser Stelle werden Sie sich schon längst gefragt haben, ob denn die Möglichkeiten einer Situation nicht auch von der *Person* abhängen, die in ihr steht? Damit ist nun der zweite Faktor angesprochen, der mit „Sinn" wesentlich zu tun hat. Nicht jeder nimmt die Möglichkeiten gleichermaßen wahr. Ein und dieselbe Realität wird durch den unterschiedlichen Erfahrungshintergrund von zwei Menschen unterschiedlich gesehen und eingeschätzt. Die Menschen unterscheiden sich außerdem in ihren Fähigkeiten und Begabungen, also den angeborenen und trainierten Mitteln für die Ausführung der Pläne, was dazu führt, dass die Möglichkeiten des einen Menschen für den anderen eine Unmöglichkeit darstellen.

Was unter existentiellem Sinn zu verstehen ist, das läuft auf eine *Gleichung mit zwei Variablen* hinaus; variabel sind jeweils die Bedingungen bzw. die Möglichkeiten der ganz konkreten *Situation,* und variabel sind auch die Fähigkeiten, Eigenschaften und Begabungen der *Person,* die in dieser Situation steht. *Realistisch* ist eine Entscheidung nur dann, wenn beides berücksichtigt und aufeinander abgestimmt wird, nämlich die Möglichkeiten der Situation und die Fähigkeiten der Person. Denken Sie beispielsweise nur, wie gut gemeint, aber sinnlos es ist, wenn jemand, der kaum schwimmen kann, einem Ertrinkenden nachspringt und ihn aus dem tiefen Wasser zu retten versucht. Ihm steht diese Möglichkeit, die ein Rettungsschwimmer selbstverständlich hat, nicht offen. Ergreift er sie dennoch, so führt die Überschätzung der eigenen Fähigkeiten zur doppelten Katastrophe. Ein Nichtschwimmer muss in diesem Fall zu anderen Möglichkeiten greifen, zu einem Boot, einem Rettungsring, denn der Sinn der Handlung ist, Leben zu retten, und nicht, zwei Leben zu opfern.

Sinn – und damit sei neben der Situations- und Personsbezogenheit noch ein drittes Charakteristikum erwähnt – Sinn hat eine Sache nur dann, wenn sie einem etwas bedeutet. Was gleichgültig ist, hat keinen Sinn (was nicht ausschließt, dass es später einmal sinnvoll, d.h. bedeutsam wird). Sinn in einer Sache sehen heißt, dass einem an ihr etwas liegt, dass eine Form von Beziehung zu ihr (zu einem anderen Menschen) da ist. Im Beispiel von vorhin ist das Retten des Menschen deshalb sinnvoll, weil das Erhalten von Leben als wertvoll erachtet wird. Denn es wäre einem wohl nicht gleichgültig, wenn ein anderer Mensch, und sei es auch ein fremder, unterginge – wer könnte da tatenlos zusehen?

Wertvoll kann vieles im Leben sein, und man fragt sich, wie man in dieser verwirrenden Fülle sich zurechtfinden soll und zu einem sinnvollen Leben gelangen kann? Es ist daher das besondere Verdienst Frankls, erstmals alle jene Möglichkeiten zusammengefasst zu haben, die in ihrem Wert auch *sinnträchtig* sind. Frankl beschreibt diese drei *„Hauptstraßen zum Sinn“* in seinen Büchern, und weil sie für die sinnvolle Gestaltung des Lebens – besonders dann, wenn verzweifelt nach einem Sinn gesucht wird – von großer Hilfe sind, soll hier darauf eingegangen werden.

1. *Erlebniswerte.* Als sinnvoll kann das Leben erfahren werden, wenn etwas in seiner Buntheit, in seiner Formenvielfalt, in seiner Ebenmäßigkeit als schön empfunden wird. Dieses Erlebnis, diese Dauer des Lebens ist voll von Sinn. Dabei braucht gar nicht an Sinn gedacht zu werden, während man an die Schönheit der Sache hingegeben ist. Eine Blume z.B. kann einem so viel sagen: vom Werden und Vergehen, von der Schönheit des Blühens und Duftens, von Farben und Formen!

Und wie unterschiedlich erleben wir sie, in der Natur, im Betrachten, beim Pflücken, beim Pflegen.

Das Beobachten eines Tieres, wie es sich geschmeidig bewegt, wie es selbstverständlich eingebettet ist in seine Umwelt – wie viel Anmut und Freude kann es vermitteln! Bestimmt könnten auch Sie eine Menge Erlebnisse anführen! Man muss nur aufmerksam genug hinsehen.

Erlebnisse haben wir nicht nur mit der Natur. Auch das vom Menschen Geschaffene bietet reichlich Gelegenheit: Kunst, Sport, Technik, Wissenschaft. Hier steht ein reiches Angebot zur Verfügung, das gerne wahrgenommen wird. Das Vergnügen, die Freude, die Lust, die wir daran erfahren – bezieht es nicht seinen Reiz aus der Werthaftigkeit des Erlebten?

Zu den tiefsten Erlebniswerten gehört schließlich die Begegnung mit anderen Menschen. Sie kann im Gespräch stattfinden, in der Arbeit, in einer Feier, beim Tanz und besonders in der Liebe zu einem Du, wo der andere in der Einzigartigkeit seines Wesens erfasst wird. Jeder kennt solche Erlebnisse. Weshalb stellen sie aber einen Sinn dar? Zum Sinn werden Erlebnisse dann, wenn erstens die Dinge, denen man begegnet, an sich schön sind, und zweitens, wenn der Erlebende sie aufnehmend zugleich aktiv mitgestaltet und so ihr Wesen innerlich nachvollzieht. Dadurch nimmt er Wertvolles aus der Welt in sich auf und „bereichert" sich durch sie. Wiederum hängt es, wie alles, was mit Sinn zu tun hat, ebenso vom Wert der Dinge ab wie vom Menschen, der sich in Beziehung zu ihnen setzt und sich auf sie einlässt, sich ihnen hingibt. Ohne Hingabe aber ist niemals Passivität – in ihr geschieht ein innerer Nachvollzug der äußeren Form, eine Eingliederung jener Aussprache der Dinge, die sie so gefällig macht. Sinnvolle Erlebnisse erhalten letztlich ihre Prägung von der persönlichen Gestaltung, im innerlichen Nachvollzug, im Nach-erleben.

Erlebniswerte sind in mehrfacher Hinsicht wichtig. Durch sie erfahren wir die ursprüngliche Schönheit des Lebens, durch sie erhalten wir unsere geistigen Kräfte, mit deren Hilfe wir in anderen Bereichen unser Leben wiederum sinnvoll gestalten können.

2. *Schöpferische Werte.* Als sinnvoll erfährt der Mensch sein Leben auch dort, wo er kreativ-schaffend in die Welt hineinwirkt. Helfen die Erlebniswerte, etwas Wertvolles aus der Welt in sich aufzunehmen und damit sich selbst zu bereichern, so geht es bei den „schöpferischen Werten" darum, im Austausch etwas Wertvolles in die Welt zu setzen und „die Welt", in der man im Augenblick steht, mit etwas Wertvollem zu bereichern. Alles Wachsen und alle Entwicklung geschieht im Wechsel von Geben und Nehmen, in einem Kreislauf von Aufnehmen, Transformieren und Wiedergeben. Dieses Wachstumsprinzip herrscht auf allen Stufen des Lebens, auf der biologischen (z.B. Atmung, Kreislauf, Nahrung) ebenso wie auf der psychologischen (in der Welt der Gefühle und Affekte) und natürlich auch auf der Entscheidungs- und Verantwortungsebene.

Was nun die schöpferischen Werte anbelangt, so geht es dabei um das *Schaffen eines Werkes* oder das *Setzen einer Tat.* Was für ein Werk muss das aber sein? Mit Sicherheit stehen hier die Werke der Kunst, sind die Pioniertaten der Wissenschaft und der Technik zu erwähnen. Aber ist es im Rahmen der Möglichkeiten und der Fähigkeiten des Menschen nicht genauso als ein Höchstwerk anzusehen, wenn jemand ein Kind großzieht, einen Beruf nach Kräften und gewissenhaft ausübt, eine Familie ernährt, ein Haus besorgt, einen Kranken pflegt, ein Leben meistert? Es ist niemals das Spektakuläre, das eine Leistung zum Werk macht. Es ist in erster Linie die Verbindlichkeit, die Ernsthaftigkeit, die Hingabe, die einem Unternehmen, auch wenn es ein kleines ist, den Bestand gibt vor einem selbst, vor der eigenen Vergänglichkeit.

Frankl schrieb in diesem Zusammenhang einmal: „In diesem Aspekt könnte kein großer Gedanke untergehen, selbst wenn er nie bekannt geworden, wenn er ins Grab mitgenommen würde. Die innere Lebensgeschichte eines Menschen in ihrer ganzen Dramatik und sogar Tragik wäre dann nie ‚umsonst' geschehen, auch wenn sie nie bemerkt würde, auch wenn kein Roman von ihr zu erzählen wüsste. *Der ‚Roman', den einer gelebt hat, ist noch immer eine unvergleichlich größere schöpferische Leistung als der, den jemand geschrieben hat.*" (1982, S. 46f.).

Beim menschlichen Schaffen kommt es nicht so sehr auf die Großartigkeit des Geschaffenen als vielmehr auf die Ganzheitlichkeit des Schaffenden an. Wir alle schaffen unsere „Werke" Tag für Tag, im Beruf ebenso wie in der Freizeit. Das größte Werk, an dem wir andauernd arbeiten, ist die Bewältigung des Lebens. Spricht man nicht zu Recht von einem „Lebenswerk" in der Rückschau auf das Leben eines Menschen, der ein Leben lang in seinem Beruf eine Aufgabe erfüllt hat und nun in Pension geht? Steht da nicht ein Lebenswerk, wenn die Kinder das Haus verlassen und nun selbständig ihren Weg gehen?

Schöpferische Werte beziehen sich nicht nur auf das sinnvolle Gestalten und das kreative Erfinden, das Schaffen also und das Erschaffen von Neuem, sondern sie reichen über das rein Materielle hinaus tief in den Bereich menschlicher Bewährung hinein. Damit sind jene Situation angesprochen, wo ein Mensch mit seiner Tat, mit seiner Entscheidung, mit seiner mutigen Entschlossenheit zur Erhaltung eines Wertes beiträgt oder eine Idee unterstützt. Es kann für einen Menschen äußerst sinnvoll sein, durch seinen Beitritt zu einer Gruppe diese zu stärken bzw. durch den Austritt seine andere Gesinnung zu bekunden. Es gehört zu den großen menschlichen Leistungen, sich vor einen anderen Menschen schützend zu stellen, einem Menschen in seiner Behinderung behilflich zu sein, für die Wahrheit seine Arbeit zu riskieren. Im Engagement für etwas oder für jemanden erfüllt der Mensch einen Dienst an einem Gut – und wird auch selbst erfüllt von diesem Gut.

Dies sind die beiden Wege, auf denen der Mensch durch das Leben geht. Seine ursprünglichen Fähigkeiten zur sinnvollen Gestaltung des Lebens stehen auf diesen beiden Beinen. Erlebend und schaffend haben wir unser Leben zu bestellen.

Was aber ist mit dem Leben, das durch eine Krankheit oder ein Schicksal so sehr eingeschränkt ist, dass in seiner Gefangenschaft beides nicht mehr möglich ist? Wo kann da noch Sinn gefunden werden?

3. *Einstellungswerte.* Für ausweglose, schicksalsschwere Lebenssituationen ist der Mensch von Natur aus schlecht

ausgerüstet. Es wundert daher nicht, dass wir uns in ihnen besonders schwertun. Denken wir nur, wie schwer es ist, mit dem Tod eines Angehörigen fertig zu werden! Wie hilflos können wir plötzlich sein, wenn wir mit einer diagnostizierten unheilbaren Krankheit zurechtkommen müssen!

Nichts ist uns in die Wiege gelegt, um der Sinnlosigkeit eines solchen Leidens entgegentreten zu können. Da helfen weder unsere Hände noch unsere Intelligenz weiter. Wir haben nichts Fertiges zur Hand, mit dem wir solches Leid gekonnt zu beseitigen vermöchten.

Andererseits aber sehen wir immer wieder Menschen, die mit beeindruckender Größe einen Schicksalsschlag, ein schweres Leid oder gar ihr eigenes Sterben bestehen.

Möglicherweise werden Sie nun sagen, denen hat ihr Glaube geholfen. Der hat sie stark gemacht, der hat sie durchhalten lassen. Jene Menschen, auf die das zutrifft, haben die Meisterschaft in ihrem Leben vielleicht schon erreicht. Ihnen wird hier kaum noch etwas gesagt werden können. Und es ist für jeden gläubigen Menschen zu hoffen, dass auch ihm sein Glaube in den schweren Stunden seines Lebens Halt geben kann.

Was aber ist, wenn der Glaube nicht hält? Wenn Zweifel und Verzweiflung aufkommen? – Was ist mit jenen Menschen, die keiner Konfession angehören, die an keinen Gott glauben? Wie können sie am Leiden bestehen?

Frankls Existenzanalyse und Logotherapie versucht jene Möglichkeiten aufzuzeigen, die *allen* Menschen offenstehen, unabhängig davon, ob sie gläubig sind oder nicht. Als Psychotherapierichtung kann sie ja keine theologischen Aussagen machen. Sie würde nicht einmal deren Wert oder die Haltung eines Gläubigen in Frage stellen – sie lässt diesbezüglich alles offen und alles zu. Sie betritt die Ebene des Glaubens gar nicht, aber sie verstellt auch nicht den Zugang zu ihr.

Was vermag also der Mensch angesichts der Ungeheuerlichkeit von schicksalhaftem Leid, in dem es nichts mehr zu ändern und nichts mehr zu verhindern gibt? Seine Hände sind gebunden, seine Sinne sind taub. Er fällt zurück in eine Ohnmacht gegenüber dem unerbittlichen Schicksal, und es ist dieses Bewusstsein, nichts mehr tun zu können, das aus dem Schweren erst die Tragik macht. Denn wo wir keine Freiheit mehr besitzen, dort hört auch unser Personsein auf. Kann man sich etwas Unmenschlicheres vorstellen, als einen schweren äußeren Verlust zu erleben, der mit dem totalen Liquidieren personaler Existenz einhergehen soll? Sind wir wirklich jeglicher Einflussnahme enthoben und dem Schicksal restlos ausgeliefert?

Ohnmachtgefühle sind tatsächlich ein fester Bestandteil des Schocks in der Zeit nach einem schicksalhaften Ereignis. Die Frau, die durch den Tod ihres Mannes mit ihren vier kleinen Kindern allein dastand, wusste viel davon zu berichten. Die Erschütterung führte sie in der ersten Zeit bis an den Rand der Besinnungslosigkeit. Mit der Zeit und mit Hilfe ihrer Freunde kamen ihr aber langsam zwei Dinge zu Bewusstsein: Zum einen realisierte sie, dass es nun, nach dem Tod ihres Mannes, erst recht auf sie ankomme, die vier Kinder durchzubringen, was sie anfangs noch gefühlsmäßig für ausgeschlossen hielt. Langsam klärte sich nun die Sicht, und es zeigte sich ein neuer Weg um den Krater herum, den das Schicksal mitten auf ihrem bisherigen Weg aufgerissen hatte. Sie aber sah nicht nur die Möglichkeit, die Kinder allein groß zu ziehen (was sie auch schaffte), sondern sie sah viel mehr. Sie sah eine Notwendigkeit, eine Aufgabe, die auf sie wartete und die niemand besser als sie selbst erfüllen könnte.

Zum andern lernte sie langsam den Tod ihres Mannes hinzunehmen. War es nur Gewöhnung an seine Abwesenheit? – Etwas viel Wichtigeres war geschehen. Sie hatte zu sehen gelernt, dass ihr Mann durch sie „weiterleben“ kann, wenn sie „in seinem Geiste“ ihr Leben fortsetzte und „in seinem Sinn“ die Kinder großzöge. Lebte ihr Mann denn nicht in den Kindern irgendwie weiter? In ihrer Trauer hatte sie bemerkt, dass sie nicht vollends hatte Abschied nehmen müssen von ihrem Mann, sie fand eine noch innigere Nähe zu ihm. Anstatt ihn „aufgeben“ zu müssen, hatte sie seine Person „verinnerlicht“. Durch ihr Leiden war sie „eine andere“ geworden und begann, die Beziehung zu ihrem verstorbenen Mann bewusster in ihr tägliches Leben einzubauen.

Ohnmacht erlebte Frau B., als ihr eröffnet wurde, dass sie einen inoperablen Krebs habe. Was hätte sie dagegen auch tun können? – Etwa zur gleichen Zeit erfuhr sie, dass zwei ihrer Kinder eine Reise nach Südamerika planten. Sofort wusste sie wenigstens um eine Möglichkeit, mit ihrer Krankheit umzugehen: Sie entschloss sich, ihnen ihre Krankheit zu verheimlichen! Denn sie wusste, die Kinder hätten die einmalige Gelegenheit zu dieser Reise nicht wahrgenommen, wenn sie vom Zustand der Mutter erfahren hätten. Sie erkannte sofort ihre Schlüsselposition, in die sie durch die Krankheit gebracht wurde. Sie sah, dass es nun an ihr läge, den Kindern die Reise zu ermöglichen – der Krankheit zum Trotz – oder die Reise zu verhindern. Sie beschloss, die Krankheit nicht alles bestimmen zu lassen (und bezog dadurch erstmals Position gegen sie). Sie hatte der Krankheit wenigstens an dieser Stelle Einhalt gebieten können. Und in ihrem ganzen Leiden ob der Krankheit, die nun einmal da war, war durch Handlungen dieser Art stets eine heimliche Genugtuung mit dabei, ein „Wozu" des Leidens gefunden zu haben.

Das Leben vieler Menschen zeigt, dass wir nie zur Gänze einem Schicksal ausgeliefert sind. Trotz seines unausweichlichen und unabänderlichen Charakters bieten sich immer Möglichkeiten, an ihm vorbei zu handeln. Vorausgesetzt, dass man sich nicht in einer Forderung verkrampft, die vom Schicksal etwas will, nämlich dass das Unabänderliche rückgängig gemacht werde. Denn dann werden alle anderen Möglichkeiten ausgeblendet; eine unerfüllbare Bedingung würde ihnen vorangestellt. Die größte Gefahr im Zusammenhang mit Schicksalsschlägen ist möglicherweise überhaupt die, dass man (sekundär) in einer Traurigkeit versinkt, die daher rührt, dass man sich ständig vor Augen hält, was alles anders sein könnte, was schöner und besser hätte sein können, wenn einem nur das Schicksal nicht… Als ob Leben darin bestünde, dass man sich immer alle Bedingungen nach Plan aussuchen könnte!

Das Schicksal schlägt einem manchmal eine Türe zu, aber es lässt einem ein Fenster offen, wie es im

Volksmund heißt. Man darf sich nur nicht zu gut sein, das Fenster auch zu benützen …

Konfrontiert mit der Schicksalhaftigkeit und der eigenen Unfreiheit, sie abändern zu können, zählt weniger das, woran ich leide; es wird zur Nebensache, denn es ist meiner Einflussnahme vorenthalten. Zur Hauptsache wird dann aber die Entscheidung, ob ich das Leiden überhaupt auf mich nehmen will, oder ob ich das Unmögliche versuchen werde, mich dem Schicksal zu entziehen (Leugnung; Betäubung; Sucht; Selbstmord). Mir, und zwar ausschließlich mir, vorbehalten bleibt die Art und Weise, wie ich leide, und das Einstehen für die Beziehung oder den Wert, für den ich mein Leben trotz des Leides halten, ja aushalten will. *Wofür* ich leide, gehört zum Intimsten in meinem Leben. Was sonst kommt in dieser Einstellung zum Ausdruck als das Wesen meiner eigenen Person? Weil das Leiden zur Intimsphäre des Menschen gehört, soll es nicht dazu verwendet werden, Heldentum zu spielen. Es geht im Leiden zunächst einmal bloß darum, man selbst zu bleiben.

Es dürfte inzwischen deutlich geworden sein, wie anhand von Einstellungen zum Schicksal auch noch in schweren Lebenslagen Sinn verwirklicht werden kann. Die äußere Freiheit ist uns vom Schicksal genommen. Aber es bleibt uns noch immer eine Freiheit, die Freiheit nämlich, sich dem Schicksal gegenüber so oder so einzustellen, ihm entweder alles kampflos preiszugeben oder das eine oder andere seinem Einfluss zu entwinden. Kann sich der Mensch darin nicht ganz persönlich neu entfalten (auch wenn es von anderen nicht bemerkt wird)? Kommt in seiner Einstellung gegenüber dem Unabänderlichen nicht seine Haltung zum Wert des ganzen Lebens zum Ausdruck? Wenn dem so ist, und ich zweifle nicht daran, zeigt sich in diesen Stunden der Wahrheit nicht auch jener Wert, der *ich* im Grunde bin? Der den Grund der Würde darstellt?

4. Kapitel

Sinn – der Kompass zu gelingendem Leben

Leben hält immer Sinnmöglichkeiten bereit – Sinn hat „Überlebens-Wert" – Neun nähere Beschreibungen von Sinn und Sinnfindung – Die Schlüsselhaltung zur Sinnfindung

So unberechenbar und unvorhersehbar das Leben auch ist, es hält für jeden Fall und in jeder Situation Sinn bereit. Im vorigen Kapitel wurden die Wege beschrieben, wie Sinn gefunden werden kann: *erlebend,* indem man an eine Sache oder an einen anderen Menschen hingegeben ist; *schaffend,* indem man sich einem Werk, einer Aufgabe oder einem Menschen widmet. Die Erlebniswerte und die schöpferischen Werte sind die Mittel, mit denen wir unser Leben sinnvoll gestalten. In beiden Fällen ist Sinn eine Form der *Hingabe* an einen Wert. Allein dort, wo dies nicht mehr möglich ist, wo uns unsere Arbeits- und Genussfähigkeit abhanden gekommen ist, da tut sich, allen Unbillen zum Trotz, noch eine neue Möglichkeit auf, nämlich durch unsere Einstellung einen, nein: den *persönlichsten* Sinn dem Leben abzuringen. Ist es noch verhältnismäßig leicht, etwas Schönes zu genießen oder etwas Sinnvolles zu tun, so liegt in der Art, wie die Härten eines Schicksals getragen und die naheliegende Verzweiflung überwunden wird, eine besondere Leistung der Person. (Wenn Sie ausführlicher über den Wert der Einstellung und den möglichen Sinn, der einem Leiden abgerungen werden kann, lesen wollen, sei auf folgende Bücher Frankls verwiesen: Das Leiden am sinnlosen Leben, S. 80–84; Ärztliche Seelsorge, S. 113–120, und besonders ausführlich in: Homo patiens, das wiederabgedruckt wurde im Buch: Der leidende Mensch, S. 161–242.)

Man meint in der heutigen Medizin vielfach, Gesundheit bestünde darin, dass der Mensch *genuss- und arbeitsfähig* sei. In dieser Vorstellung fehlt noch jene Dimension, die die Reife und Größe des Menschen in den Mittelpunkt rückt: Wenn sich ein Mensch von seinem Schicksal nicht unterkriegen lässt, wenn er die Fähigkeit aufbaut, ihm standzuhalten und vor sich selbst geradezustehen, wenn er eine *„Leidensfähigkeit"* erworben hat.

Die drei „Hauptstraßen zum Sinn" enthalten die ungeheure Aussage, dass das Leben unter allen Umständen und bis zum letzten Atemzug *Sinnmöglichkeiten* in sich birgt! Denn es gibt keine denkbare Situation im Leben, die nicht von mindestens einer dieser drei Straßen erschlossen wäre. Alle Punkte des Lebens, bis in die extremsten und feinsten Verzweigungen individueller Existenz hinein, sind an diese Sinnstraßen angeschlossen. Ich habe mich selbst von der Hoffnung, von der Zuversicht und Kraft, die mit dieser Einsicht verbunden ist, oftmals überzeugen können, bei vielen Menschen, mit denen ich in den unterschiedlichsten schweren Lebenslagen in Berührung gekommen bin.

Oft komme ich mit Menschen zusammen, die ihres (bisherigen) Lebens überdrüssig sind und an *Selbstmord* denken. Und sie haben alle Grund genug, sich das Leben nehmen zu wollen. Wer dächte nicht schon zeitweise daran, mit dem Leben Schluss zu machen, wenn er von einer Reihe von Enttäuschungen heimgesucht worden ist, wenn etwas, an dem er besonders hing, gescheitert ist oder wenn eine körperliche oder seelische Krankheit den gewohnten Lebensraum zu sehr einengt? Selbstmordgedanken sind in manchen Lebenssituationen verständlich. Was die Menschen in solchen Situationen aber nicht mehr sehen, ist genau das, was wir vorhin als potentielle Sinnhaftigkeit des Lebens bezeichnet haben. Sieht ein solcher Mensch noch Möglichkeiten, dem Leben einen Sinn abzuringen? Wer sich ernsthaft auf Selbstmordgedanken einlässt, dem fehlt in dieser Zeit das entscheidende Gegengewicht zu seinen Gedanken: Er fühlt sich deswegen „am Ende", weil er keine gangbaren Möglichkeiten für sein Leben mehr sieht. Er steht vor einer gähnenden Sinnleere des Lebens, und darin liegt der letzte und eigentliche Grund, warum aus der belastenden Situation eine Selbstmordgefahr entsteht. In seiner Einengung und Verzweiflung glaubt er, dass da nichts mehr sei, an dem er sich halten könne. In seiner Ungeduld sieht er nichts mehr, wo er sich noch zur Entfaltung bringen könnte. Die Möglichkeiten aber sind da, für jeden Menschen.

Sinn vermittelt nicht nur einen Lebenswert, sondern erweist sich auch stets als bedeutsamer „Überlebenswert". In ihm erkennt man jeweils die Richtung, die das Leben auf einen Wert – auf den *höchsten* Wert unter den gegebenen Umständen – hinführt.

An dieser Stelle ist es notwendig, den schwierigen Begriff „Sinn" noch besser in den Griff zu bekommen.

Zu diesem Zweck werden nun einige nähere Beschreibungen von Sinn gegeben und Missverständnisse, die erfahrungsgemäß in diesem Zusammenhang auftreten, geklärt. Fragen wir uns also nochmals, was es heißt, „sinnvoll zu leben".

1.

Sinnvoll leben heißt, auf einen einfachen Nenner gebracht, *die Aufgabe, die gerade ansteht, erfüllen.* Die Aufgabe kann einmal sein, in dieser Stunde nichts zu tun, sich zu erholen oder Musik zu hören, ein gutes Essen zu genießen. Im nächsten Augenblick kann die Aufgabe darin bestehen, eine notwendige Hilfe zu leisten oder einer Arbeit nachzugehen. Sinnvoll leben heißt, den bestmöglichen Wert einer Situation zu entnehmen und zu verwirklichen. Nicht einen x-beliebigen Wert, sondern jenen, der in dieser Situation nach bestem Wissen und Gewissen als der beste Wert angesehen wird. Sinn ist also stets das, was wir jetzt eigentlich tun sollen. Statt von Sinn kann auch vom „jeweils Gesollten" gesprochen werden. Es ist noch nicht, es ist etwas, das eben jetzt durch mich verwirklicht werden soll. Die Sinnmöglichkeit ist stets ein Angebot bzw. eine Aufforderung der Stunde für ein Stück Zukunft. Sinn beinhaltet daher ein „Handlungsprogramm", das auf die Realität zum gegebenen Zeitpunkt am besten zugeschnitten ist.

2.

Sinn kann nicht gegeben werden. Die Eltern können dem Kind nicht vorschreiben, was sein Sinn sein soll, der Chef kann es seinem Angestellten nicht, der Arzt nicht dem Patienten. Sinn kann weder gegeben noch verordnet werden – er muss *erkannt, er muss gefunden* werden. Alles, was Sinn sein soll, muss durch das „Nadelöhr" persönlicher Erkenntnis eingefädelt werden, muss in seiner Werthaftigkeit, in seiner Notwendigkeit oder in seiner Faszination von jeder Person *selbst* erfasst und erspürt werden.

Worum handelt es sich aber, wenn ich nicht von mir aus sagen kann: „Ja, das zu tun ist gut"? Was ist es, wenn es meine Vorgesetzten von mir verlangen, wenn es die Eltern mir vorsagen? Was da für jemand anderen in seiner Sinnhaftigkeit deutlich geworden sein mag, das stellt für mich, wenn ich es nicht selbst so sehe, einen fremden Auftrag, einen Befehl oder einen Zwang dar. Sinn aber ist niemals Zwang; was echter Sinn ist, ist nie ein „Du musst!". Sinn ist ein Kind der Freiheit. Dass ich den Sinn einer Sache einsehe, lässt sich nicht erzwingen. Wenn ich ihn aber erkannt habe, lässt er sich auch nicht annullieren, selbst wenn ich mich gegen ihn stelle und ihn nicht ausführe; es bleibt (erkannter) Sinn.

3.

Was durch Schauen erkannt und durch Suchen gefunden werden kann, muss schon vorher da sein. Und wirklich, die *Sinnangebote liegen in der Welt,* die mir die Möglichkeiten, das „Material" (in Form von Situationen, Aufgaben und Werten) zur Bearbeitung in die Hände spielt (vgl. Längle 1985, S. 82ff.). Das, was als Sinn in der Welt wahrgenommen wird, ist eine *Möglichkeit zwischen den Zeilen der Wirklichkeit.* Es ist das, was uns „anspricht", das „Faszinierende", das einen in Erstaunen und Bewunderung versetzt, es ist das, was mich packt, wenn ich die Berge in der Abendglut sehe oder ein Zellgewebe im Mikroskop studiere.

Der schöpferische Wert, der „zwischen den Zeilen" der Objekte liegt, ist „das eine, das not tut", ist jene Aufgabe, für die ich jetzt gerade gebraucht werde, für die ich „not-wendig" bin. Durch mein Handeln kann ich eine wertvolle Möglichkeit, die in einer Situation schlummert, Wirklichkeit werden lassen.

Fragen wir uns noch einen Augenblick, was das „Verborgene" ist, was hinter den *leidvollen* Situationen aufgedeckt werden kann. Der Sinn, der aus ausweglosen Situationen herausgeschlagen werden kann, liegt im Wie des Umgangs mit ihnen, im *Wofür* des Tragens. Auch im Leiden geht es um etwas – um eine Haltung nämlich, mit der der Einfluss des Schicksals in seine Schranken gewiesen wird. Es geht aber nicht nur um die Haltung, es geht in jedem Leiden auch um ein „Wofür", das durch das Leiden hindurch ausfindig gemacht werden muss – es geht um einen anderen Menschen, einen Gott, zumindest aber darum: die Freiheit der Haltung und die Würde der eigenen Person vor dem zerstörerischen Einfluss des Schicksals zu bewahren.

Je schwerer die Lebensumstände, um so tiefer hält sich der Sinn zwischen ihnen verborgen. Und um so mehr muss das „Wozu" in uns brennen, um diese Information – wenigstens in Form einer Ahnung – wie Erz vom tauben Gestein abzuschmelzen.

Sinn – das ist immer ein *„Anspruch"*, im Doppelsinn des Wortes: ansprechend und fordernd. Mit der entsprechenden Antwort auf den Anspruch wird ein weiteres Stück Leben hineingenommen in das Gewebe der Persönlichkeit.

4.

Einen Sinn sehen heißt eine *Ganzheit erfassen.* Aus dem Bruchstückhaften wird durch das „geistige Band“ ein Zusammenhang geschaffen, der sich uns mit der offenen Einladung präsentiert, uns selbst in diesen Sinnzusammenhang zu stellen. Aus dem Unverbindlichen entsteht Beziehung, Beziehung zur Situation, zur Sache, zu einem Menschen. Sinn ist letztlich die Geborgenheit des Daseins, in die wir unser Leben immer wieder zu bergen vermögen. Denn Sinn als die Antwort auf die Frage „Wozu“ weist stets über den engen Sachverhalt hinaus auf einen (nächst)größeren Zusammenhang, von dem her er erst verstanden werden kann. Es spielt für unsere Überlegungen formal keine Rolle, ob ein Mensch den letzten, größten Zusammenhang, in dem er zu stehen glaubt, in Gott sieht oder in etwas anderem, in der Gemeinschaft etwa oder in einer Idee. Für das Sinnverhältnis wichtig ist lediglich das Bewusstsein, dass wir uns nur in Zusammenhängen verstehen können.

Ich habe vor Jahren eine Geschichte gehört, die schön illustriert, wie unterschiedlich weit der Radius des Sinnverhältnisses reichen kann, in dem ein und dieselbe Situation zu sehen ist. Ich möchte sie deshalb hier nacherzählen:

Tief im Mittelalter ging ein Mann auf einer verstaubten Straße seines Weges. Wo immer er auf Menschen stieß, blieb er stehen und fragte sie, was sie arbeiteten und für wen sie es taten. Denn seit geraumer Zeit wusste er um sein Leben nicht mehr Bescheid, wusste nicht mehr, was er tun solle und wofür. Des Nachsinnens müde, zog er aus, um von anderen Menschen zu hören, was sie bewegte. Auf diese Art wollte er in Erfahrung bringen, was ihm verlorengegangen war. Da stieß er auf einen Mann, der am Wegrand saß und ganz gebückt auf einen Stein einschlug. Der Wanderer blieb stehen und schaute ihm lange zu. Da er seine Tätigkeit nicht verstand, fragte er ihn: „Freund, lange schon schaue ich dir zu, wie du behend auf diesen Stein einschlägst. Allein es mangelt mir an Verständnis. Freund, kannst du mir, einem Fremden und deines Handwerks Unkundigen, verraten, was du da machst?" – Ohne in seiner Tätigkeit innezuhalten, murmelte der Mann missmutig in seinen Bart: „Du siehst alles, ich behaue Steine."

Mit trüben Gedanken zog der Mann weiter. „Was ist das für ein Leben", dachte er bei sich, „die ganze Zeit Steine zu behauen?" Da seine Verwirrung nun noch größer war, betrachtete er es als ein Glück, als er wenig später wieder einen Mann da sitzen sah, der emsig auf einen Stein einschlug, in der gleichen Art wie zuvor der andere Mann. Auf ihn ging der Wanderer zu und fragte ihn sogleich: „Freund, wozu schlägst du auf diesen Stein ein?" – Der Mann, etwas erschrocken von der unerwarteten Frage, antwortete nach einigem Zögern: „Siehst du nicht, Fremder, ich mache Ecksteine!"

Betroffen ob seiner Unwissenheit setzte der Wanderer seinen Weg fort. Die Verzweiflung in ihm wuchs, denn er konnte sich nicht abfinden mit dem, was er gesehen hatte. Sollte das ganze Glück des Lebens darin bestehen, Steine zu behauen oder Ecksteine zu machen? In die Sorge seines Herzens versunken, hätte er beinahe übersehen, dass er wieder an einem Mann vorbeigekommen war. Auch dieser saß am staubigen Wegrand und schlug auf einen Stein ein, nach der Art, wie die beiden anderen Männer. Der Wanderer blieb stehen und prüfte voller Staunen, was dieser Mann tat. Nachdem er sich davon überzeugt hatte, dass auch dieser Mann mit derselben Fertigkeit einfach auf einen Stein einschlug, ging er langsam auf ihn zu und richtete seine Rede, die er nicht weiter zurückhalten konnte, an ihn und fragte: „Freund, sag mir: Was ist deine Tätigkeit? Behaust auch du nur Steine, oder machst du gar Ecksteine?“ – „Nein, Fremder“, antwortete der Mann und wischte sich den Schweiß von der Stirn, „siehst du denn nicht? Ich baue eine Kathedrale!“

5.

Es versteht sich von selbst, dass ein sinnvolles Leben auf einer anderen Ebene liegt als Bequemlichkeit, Arriviertheit oder Wohlstand. Sinn übersteigt die Ebene der Mittel, die eigentlich noch keinen Endzweck darstellen. Wohlstand – wozu? Um des Wohlstands willen? Auch ist Sinn keine Sicherheit, die einem verspricht, auf leichtem Wege ein möglichst angenehmes Leben zu haben.

Anstatt eine bequeme Versicherungspolice zu sein, stellt sich Sinn als *Herausforderung* dar, verbunden mit allem Risiko, auf das sich Unternehmen der jeweiligen Größenordnung einlassen müssen. Es ist ja auch der Kurs, den ein Schiff, seinem Kompass folgend, einhält, erst im Nachhinein bewiesen, wenn der Zielhafen erreicht ist. Die Richtung, die eingeschlagen wurde, ist – ebensowenig wie der Sinn – keine Garantie für die Sicherheit des Schiffes, sondern enthält lediglich eine „Zielhoffnung“, derentwegen sogar der sichere Hafen verlassen wurde. *Sinn ist Lebenskurs für einen bestimmten Zeitabschnitt.* Ihm folgend, wird die Spur in Richtung auf „Lebenswertes“ aufgenommen, *auf sich genommen.* Und wie alles Reisen voller Überraschungen und zeitweiser Entbehrungen ist, so ist es auch beim Sinn.

Dass Entbehrungen zum Unterwegssein gehören, wird oft als unnötig angesehen, weil sie der eigenen Ungeschicklichkeit zugeschrieben werden. Die Wirklichkeit als Schlaraffenland? – Wenn ich so an meine eigenen Erlebnisse und Tätigkeiten denke, für die ich mein Leben streckenweise gelebt habe, so ist mir kaum eine Erfüllung in Erinnerung, die nicht mit einer Anstrengung in Verbindung stand. Aus der Beschäftigung mit der Kunst, der Literatur, den Sprachen oder Ländern habe ich tiefe Erfüllung geschöpft. Aber mit wie viel Einsatz ist das Verfolgen einer Neigung und das wirkliche, interessierte Beschäftigen verbunden, wie viel Mühe habe ich da gern auf mich genommen, auch wenn ich unter ihr manchmal gestöhnt habe?

Und so ging es mir auch wiederholt bei den „schöpferischen Werten“, wie wir sie genannt haben. Auch die interessantesten Tätigkeiten können eine mühsame Durchhaltestrecke einschließen, irgendwo mittendrin, nachdem der erste Reiz nachgelassen hat und der Erfolg noch nicht zu sehen ist. Dies war so bei allen größeren Projekten, beim Studium wie bei der Dissertation, als ich schon fertig sein wollte und es noch immer nicht war, und es ist wieder so, wenn ich eine größere Arbeit schreibe oder einfach ein Zimmer ausmale. Sicherlich, bequemer hätte ich es mir oft einrichten können in meinem Leben, und manches könnte ich billiger haben. Es macht eben doch einen Unterschied aus, ob man ein Land selber bereist hat oder es nur von den Prospekten her kennt.

6.

Den *Sinn für alle Zeiten* – ihn erfassen wir nicht. Den Sinn für unser Leben – wir können ihn nicht besitzen. Was wir unter Sinn meinen, ist immer eine konkret erfassbare und nachvollziehbare Möglichkeit. Welche Gestalt hat der konkrete Sinn? Er tritt uns immer im Gewande konkreter Lebenssituationen entgegen. Der *Sinn wechselt somit mit jeder Veränderung der Situation,* von einem Augenblick zum nächsten kann es bereits um ganz anderes gehen. Sinnvolles Leben heißt Flexibilität in der Wahrnehmung der Werte.

Das folgende Zitat von Frankl soll noch einmal unterstreichen, wie sehr im Sinnkonzept das Individuelle der Person sich mit der Konkretheit der Situation durchmengt:

„Sinn ist also jeweils der konkrete Sinn einer konkreten Situation. Er ist jeweils ‚die Forderung der Stunde'. Sie aber ist jeweils an eine konkrete Person adressiert. Und genauso wie jede einzelne Situation etwas Einmaliges ist – genauso ist jede einzelne Person etwas Einzigartiges.

Jeder Tag, jede Stunde wartet also mit einem neuen Sinn auf, und auf jeden Menschen wartet ein anderer Sinn. So gibt es einen Sinn für einen jeden, und für einen jeden gibt es einen besonderen Sinn.

Aus alledem ergibt sich, dass der Sinn, um den es da geht, ebenso von Situation zu Situation wie von Person zu Person wechseln muss, aber er ist allgegenwärtig. Es gibt keine Situation, in der das Leben aufhören würde, uns eine Sinnmöglichkeit anzubieten, und es gibt keine Person, für die das Leben nicht eine Aufgabe bereithielte. Die Möglichkeit, einen Sinn zu erfüllen, ist jeweils einmalig, und die Persönlichkeit, die sie verwirklichen kann, ist jeweils einzigartig." (Frankl: Das Leiden am sinnlosen Leben, 1985, S. 30f.).

Aus der Ausrichtung auf das jeweils Richtige einer Situation (indem wir aus jeder Situation das Bestmögliche machen und die besten Bedingungen für die weiteren Situationen schaffen) ergibt sich das Sinnganze unseres Lebens. Stein um Stein, im Lot gesetzt, wird das Haus gebaut; Schritt um Schritt wird die Strecke gegangen. Die Richtung des Grundkurses wird von einem inneren „Wahrnehmungsorgan", einem inneren Lot sozusagen, ausfindig gemacht: Ein Gefühl dessen, was das Richtige sei, ein tiefes, inneres Wissen („Gewissen"), gibt uns unabhängig von aller Rationalität und allem gelernten Wissen zu verstehen, was in gerade dieser Situation zu tun sei, um das Gute in ihr zu erfahren, zu kreieren oder zu bewahren. Dieses persönliche Gespür legt den Weg frei zu einer sonst unerschlossenen Fülle des Lebens.

Sinn ist etwas, um das es uns Tag für Tag geht, auch wenn wir nicht darüber sprechen oder bewusst über Sinn nachdenken, wie wir es in den Ausnahmesituationen des Lebens tun. Dass Sinn eine Angelegenheit eines jeden Tages ist, dass es auch dort um (zumeist kleine und keineswegs schwerwiegende) Sinnmöglichkeiten geht, soll die folgende Geschichte aus dem Alltag demonstrieren. Etwas „Alltägliches" zu berichten ist nicht ohne Gefahr, ist doch die Erwartung des Lesers auf das „Besondere" gerichtet. In diesem Fall liegt das

Besondere an Ihnen – an Ihrem Alltag, der durch Ihre Überlegungen beim Lesen dieser Geschichte nachher vielleicht bewusster gestaltet wird.

Herr B. erzählt im Freundeskreis von einem Abend voller Hindernisse. Er war mitten in den Vorbereitungen für den nächsten Geschäftstag, als ihn seine Frau zum Abendessen rief. „Tatsächlich, wie spät es schon geworden ist!" Der Gedanke an die Kinder, die bald ins Bett sollten, ließ ihn seine Arbeit unterbrechen, und er gesellte sich zur Familie. Spät genug, wie sich herausstellte, denn die Kinder bombardierten ihn sogleich mit Fragen und Wünschen, die sich den Tag über aufgestaut hatten. Was hätte er anderes tun können, obwohl ihm nicht danach war, als sich auf sie einzulassen, wo er doch morgen wieder den ganzen Tag… Das Telefon klingelte, ein Geschäftsfreund. Ob sie sich heute Abend – „Unmöglich, ausgerechnet jetzt, wo ich noch so viel zu tun habe. Übrigens, vielen Dank für deinen letzten Brief mit den freundlichen Tipps. Wir sollten uns wirklich so bald wie möglich zusammensetzen. Wie wäre es denn nächste Woche, da bin ich sowieso in…"

Das Essen schmeckte. Er hatte gar nicht bemerkt, dass er so einen Hunger hatte. Er holte noch eine Flasche Bier, und während er mit Appetit sein Essen beendete, tauschten die Eheleute die Neuigkeiten des Tages aus.

Eigentlich wollte er gleich nach dem Essen wieder an seine Arbeit, denn die Termine drängten und waren wichtig.

Doch das Essen hatte ihn müde gemacht. Er zündete sich eine Zigarette an und setzte sich mit seiner Frau in die Sitzecke. Sie las einen Roman, und auch er freute sich auf ein paar entspannende Minuten beim Lesen.

Er war über einem Artikel „versessen", denn als er auf die Uhr schaute, stand er sehr schnell auf und ging rasch in sein Arbeitszimmer. „Man braucht doch einige Minuten, bis man wieder so richtig in der Arbeit drinnen ist", dachte er sich, als plötzlich, für diese Stunde ganz ungewohnt, die Hausglocke klingelte. Ein Bekannter, der gelegentlich mal vorbeischaute. Heute trat er mit einer solchen Bestimmtheit ein, dass Herr B. vor Überraschung nicht dazu kam, ihn, wie beabsichtigt, auf einen anderen Abend zu vertrösten. „Ich komme gerade von einer langen Besprechung, ich brauche unbedingt einen Whisky!" – „Ja, schön, aber ..." – „Mir geht es dreckig." B. lud ihn widerwillig und mit innerlichem Ärger ins Wohnzimmer ein. Mitternacht wäre es ohnehin schon geworden, aber wie spät würde es jetzt erst! „Ich bin gerade gekündigt worden", erzählte der Besucher. Tränen kamen in seine Augen. Vorhin habe er an Selbstmord gedacht; da sei ihm B. eingefallen. Und ohne viel zu überlegen, sei er hergekommen. Jetzt erst beginne er zu realisieren ... B. fragte nach, wie es denn zur Kündigung gekommen sei; sie überlegten, was in den nächsten Tagen zu machen sei. Er brauchte Geld, B. bot es ihm an.

Nach einer guten Stunde bat B. den Bekannten, wieder an seine Arbeit gehen zu dürfen. „Wir haben für heute alles geklärt. Wenn etwas schief geht, ruf mich an!" Er verabschiedete ihn und ging in sein Arbeitszimmer zurück. Es war sehr spät, er war sehr müde. Hätte er einfach nicht aufmachen sollen, als es klingelte? Hätte er den Bekannten rascher abfertigen sollen, ihn gleich fragen sollen, ob er Geld bräuchte, und ihm erklären, welch dringende Arbeiten er habe? Was für ein Mensch wäre er, wenn er nicht in seiner Art auf ihn eingegangen wäre? Solche Fragen begannen ihn zu beschäftigen. Da wurde ihm bewusst, was er zuvor intuitiv gespürt hatte!

Nein, so ungelegen der Besuch auch gewesen war, es war schon richtig, wie er gehandelt hatte. Auch wenn er die Vorbereitungen in dieser Nacht nicht mehr zum Abschluss bringen würde …

Soweit die Geschichte von meinem Bekannten B. So alltäglich war sie ja nicht, denn ein Freund mit Selbstmordgedanken kommt zum Glück nicht täglich vorbei. Aber die Geschichte hätte so alltäglich sein können, dass es nicht wert gewesen wäre, sie zu erzählen – wenn sich B. vor der Überraschung verschlossen hätte. Wenn er nicht geöffnet hätte, wenn er seinem Bekannten gleich die Türe gewiesen hätte und wegen seiner Schroffheit von den Selbstmordgedanken nichts erfahren hätte. Wer zur Offenheit bereit ist, findet, dass es in jeder Situation, genauso wie an dem geschilderten Abend, Dinge von Wert gibt, die zu erfahren, zu schaffen oder zu bewahren sind. Und immer geht es darum, so zu handeln, dass wir auch im Nachhinein zu allem stehen können. Wenn auch die Genugtuung nicht immer darin bestehen kann, etwas perfekt gemacht zu haben, so kann sie zumindest in dem redlichen Eingeständnis liegen, dass man es nicht hätte besser machen können.

7.

So schwierig es einerseits sein kann, das Richtige, das in einer Situation getan werden soll, zu erfassen – so wenig hängt es andererseits vom Intelligenzquotienten ab. *Sinn wird nicht erdacht.* Reflexives Denken kann mitunter sogar ein Hindernis auf dem Weg zum Sinn sein, wenn es als Abwehrmechanismus eingesetzt wird, um das, was man zuinnerst spürt, wegzurationalisieren. Was einen Sinn darstellt, *erfasst mich ganzheitlich, das spüre und fühle ich* bereits, ehe es mir langsam bewusst wird.

Frau N. steht in den frühen Vierzigern. Sie hat einen langen Weg in der Geschichte ihrer Persönlichkeitsentwicklung hinter sich. Sie war sehr eng nach konventionellen Traditionen erzogen worden. Davon hatte sie sich endlich befreien können. Vor allem hatte sie viel gelesen, einschlägige Lektüre über die Repression der Sexualität im Allgemeinen und der Frau im Besonderen. Nach einem ersten, überraschend lustvollen Erlebnis mit einem fremden Mann, entdeckte sie schließlich, dass sie erst in der ungebundenen Sexualität – nicht etwa in der konventionellen Ehe, in der sie lebte – richtig sie selbst sein könne. Heimlich und ohne dass ihr Mann und ihre heranwachsenden Kinder es erfuhren, gab sie sich, so oft sie konnte, erotischen Abenteuern hin. – Seit einiger Zeit aber ging das nicht mehr so glatt; sie hatte Schuldgefühle. Besonders ihrem Mann gegenüber, der sich in der letzten Zeit viel mehr um sie bemühte. Dennoch ging sie heimlich ihrem Selbstfindungsweg nach. Als ihr die Schuldgefühle nach einigen Wochen zu lästig wurden, suchte sie einen Psychotherapeuten auf, damit er sie „davon befreie". Schon einmal habe sie, nach dem ersten Erlebnis, einen Psychotherapeuten aufgesucht. Damals habe jener ihr klargemacht, wie sehr sie diese Abenteuer brauche, um sich endlich gegenüber den anderen Menschen und von ihrem „internalisierten Elternbild" zu lösen. Sie hatte das sofort verstanden und war von jener Stunde an für lange Zeit „endlich frei, meinen Neigungen und damit mir selbst freien Lauf lassen zu können. Ich hatte Glück gehabt, einen Therapeuten gefunden zu haben, der mich von meiner Schuld befreien konnte, weil er guthieß, was ich begonnen hatte."

Es besteht kein Zweifel: Diese Frau spürte genau, was sie sollte, aber sie wollte es nicht wissen. Sie fühlte die Schuld, aber wollte sie nicht wahrhaben. Sie las viel – zu ihrer Rechtfertigung. Sie wollte von einem Psychotherapeuten von ihrer Schuld förmlich losgesagt werden (indem er diese Gefühle als einen Rest unaufgearbeiteter Neurose hinstellen sollte) und bastelte sich eine Theorie zur Selbstfindung, die ihr zur Ideologie geworden war. Trotz all ihrer Geschicklichkeit meldeten sich nun wieder, verdammt noch mal, diese Gefühle. Mit dem Verstand war ihnen nicht mehr beizukommen.

Einer Logotherapie geht es niemals darum, einen Menschen zu verurteilen, sie kann ihn aber genauso wenig rechtfertigen. Beides kann der Mensch nur vor seinem eigenen Gewissen oder durch eine, von ihm akzeptierte, Religion. Dass diese Frau so gehandelt hatte, war auf dem Hintergrund ihrer Biographie durchaus verständlich. Ihre Vorgangsweise war aber nicht die einzige Möglichkeit, die ihr zur Verfügung gestanden hätte, ihr Verhalten ergab sich nicht zwingend aus ihrer

Vergangenheit. Für das, was sie tat, war sie allein verantwortlich, wenn sie auch nicht verantwortlich war für die Fehler, die in ihrer Erziehung gemacht worden waren. Ihren Weg hatte sie absichtlich und bewusst gewählt. Bei allem Verständnis, das sie selbst ihrer Situation entgegenbrachte, konnte sie sich daher nicht von der empfundenen Schuld freisprechen.

Frau N. wiederholte nun selbst jenen Fehler, den sie ihren Eltern vorwarf, nämlich die echten Gefühle zu unterdrücken. Das erneut auftauchende und nun so hartnäckig anhaltende Gefühl, sich durch die vielen Liebesabenteuer vor ihrem Mann und vor sich selbst schuldig gemacht zu haben, war eben nichts Anerzogenes mehr – es war sie selbst, die gegen ihre eigene Repression sich zur Wehr zu setzen begann. Denn sie war im Begriff, mit ihrem wachen Verstand und ihrer scharfen Intelligenz eine „geistige Fruchtabtreibung" zu machen.

Viel häufiger als durch bewusste Reflexion und viel Überlegung wird der Sinn einer Lebenslage intuitiv, das heißt „spontan" erspürt. Nur das als echt gelten zu lassen, was einem Menschen voll bewusst ist, wäre eine intellektuelle Anmaßung, der die menschliche Größe zum Opfer fiele. Denn die Antennen des Menschen reichen weit über jenes ausgemessene Stück Land hinaus, von dem er intellektuell Besitz ergriffen hat.

8.

Sinn kann von *jedem Menschen,* unabhängig von seinem Intelligenzquotienten und seinem Alter, gefunden werden, solange er imstande ist, *Entscheidungen zu treffen;* und seien es auch noch so einfache und unsensationelle, von außen vielleicht völlig unbemerkbare Entscheidungen. Er bedarf dafür nicht einmal seiner fünf Sinnesorgane, denn das *Sinn-organ* (Frankl) ist ein inneres Gespür für das Richtige, ist das, was man auch als „*Gewissen*" bezeichnen kann.

Gewissenloses bzw. gewissenhaftes Handeln ist aber in jedem Alter möglich, mit jeder Intelligenz, ist möglich unabhängig vom Geschlecht oder von der Religion, ja auch von jeglicher Konfession.

Zahlreiche empirische Untersuchungen bestätigen (vgl. z.B. Frankl: Die Sinnfrage in der Psychotherapie, S. 63f.), dass die Fähigkeit der Sinnfindung zum Kern eines jeden Menschen gehört. Alter, Erfahrung, Erziehung, kultureller Hintergrund, Bildungsniveau, Charakterstruktur, religiöse Bindung oder Intelligenz gehören lediglich zum Bindungsgefüge, in dessen Rahmen sich erst Freiheit und Verantwortung zur Sinnfindung als jeweilige, eben dieser Person und dieser Situation angemessene Möglichkeit auftut.

9.

Sinn hat zahlreiche Facetten. Einige, die sich für den praktischen Umgang mit Sinn als besonders hilfreich und wichtig erweisen, sind in der vorangegangenen Beschreibung aufgezeigt worden. Nun aber wollen wir uns von der Differenzierung abwenden und zum Abschluss dieses Kapitels nach einem Schlüssel Ausschau halten, mit dem man alle Türen zu allen Sinnmöglichkeiten öffnen kann.

In diesem Buch ist mehrfach darauf hingewiesen worden, dass Sinn eine Orientierungshilfe darstellt, der zuzumuten sei, dass sie dem Menschen die Richtung zu einem erfüllten und gelingenden Leben zeigen könne. Wenn dies tatsächlich der Fall ist, dann muss es, unabhängig von allen Überlegungen zum Sinn (und diese füllen viele Bücher), ein einfaches Konzept geben, nach dem sinnvolles Leben jederzeit möglich ist.

Wir sagten, dass der jeweilige Sinn nicht in uns liege. Er muss gesucht werden. Sinn ist das, was in Angemessenheit und Rücksicht auf die jeweilige Situation gerade getan werden soll. Das haben wir nun schon alles gehört. Wir fragten dann weiter: Wie erkenne ich das, was getan werden soll?, und wir fanden, dass es als „Anspruch“, als Ansprechendes und (oder) als Gefordertes, als etwas Faszinierendes oder als etwas Notwendiges empfunden wird. Gut, werden manche sagen, aber was solcherart erspürt wird, das ist noch längst nichts Bewiesenes! – Stimmt. Aber was wäre damit gewonnen? Abgesehen von der Unmöglichkeit solcher Beweise sind sie auch unnötig, denn ein wirklich erkannter und erfühlter Sinn stellt bereits das „Gewisseste“ dar. Über die Halbherzigkeit und Unentschlossenheit aber hilft uns kein Beweis hinweg – hängt es doch wesentlich vom *Wert* der Sache ab, um die es geht. Allerdings, ob das „Gewisseste“ schließlich gerechtfertigt sein wird – das muss sich erst beweisen, wird sich im Lebensvollzug zeigen.

Allem sinnerfüllten Leben liegt eine ganz bestimmte Schlüsselhaltung zugrunde: Es ist dies die *Haltung des Sich-fragen-Lassens:*

Dasein heißt Gefragtsein.

Leben heißt Antwort geben, antworten auf die Fragen der jeweiligen Stunde.

Frankl schreibt, dass man der Frage nach dem Sinn des Lebens eine Wendung um 180 Grad geben muss, damit sie in ihrem Ursprung beantwortet werden kann: „*Das Leben selbst ist es, das dem Menschen Fragen stellt...* Er ist der vom Leben her Befragte, der dem Leben zu antworten – das Leben zu verantworten hat. Die Antworten aber, die der Mensch gibt, können nur konkrete Antworten auf konkrete ‚Lebensfragen' sein. In der Verantwortung des Daseins erfolgt ihre Beantwortung, in der Existenz selbst ‚vollzieht' der Mensch das Beantworten ihrer eigenen Fragen." (Frankl 1982, S. 72.)

Der Schlüssel zum Sinn ist die Öffnung des Menschen, liegt in der Wendung hin zum Leben. Zwar sind wir in eine Welt geboren, die alles andere als heil ist. Aber an Sinnangeboten fehlt es in ihr keinen Augenblick lang. Sich um diese zu drücken, hieße sich jener Welt zu entziehen, die uns hervorgebracht hat. Aber nicht nur die Welt, auch wir selbst wären die Betrogenen – brächten wir uns doch um nichts weniger als um die Entfaltung unserer Existenz. Indem wir uns auf den jeweiligen Sinn einstellen – uns zu ihm stellen –, bringen wir unsere Existenz zur Erfüllung.

5. Kapitel

Wie erfolgt Erfolg?

Erfolg: Ergebnis aus Bemühen und Glück – Erfolgszwang führt zu Leeregefühl, innerer Verkrampfung und Verunsicherung – Drei seelische Störformen des Erfolgszwanges: Erfolgssucht, Misserfolgsangst, seelische Blockade – Das Gefühlsecho

Erfolgreich zu sein gehört zu den schönsten Attributen, zumal in unserer Zeit. Es lohnt sich daher, einmal nachzuschauen, unter welchen Bedingungen Erfolg entsteht und was er eigentlich zu bedeuten hat. Da wir in diesem Buch grundsätzlich der Frage nachgehen, wie es der Mensch schafft, sinnvoll zu leben, wollen wir uns auch über die Beziehung zwischen Sinn und Erfolg befragen: Ist Sinn ein Rezept für Erfolg? Oder verlangt Sinn, dass wir auf Erfolg verzichten müssen?

Fragen wir uns zunächst, was es heißt, Erfolg zu haben. Für welche Situationen verwenden Sie das Wort? – Wenn wir darüber nachzudenken beginnen, fällt uns auf, dass unter Erfolg sehr Unterschiedliches und unter Umständen Gegensätzliches verstanden wird. Dies hängt mit der *Bewertung* des Erfolgszieles zusammen. Ein Genügend in einer Klassenarbeit kann für den einen Schüler ein ebenso großer Erfolg sein, wie es für den anderen einen Misserfolg darstellt.

Bei aller Unterschiedlichkeit der Bewertung des Erfolgszieles bestehen doch Gemeinsamkeiten, die die einheitliche Verwendung des Begriffes rechtfertigen. Von Erfolg spricht man nämlich nur dann, wenn ihm ein *zielstrebiges Handeln* vorangegangen ist, dessen Anstrengung zur Erreichung des Zieles wesentlich beigetragen hat. Wenn die Ereignisse von selbst „zufällig" oder einer zwingenden Gesetzmäßigkeit folgend, zum Ziele führen, kann schwerlich von Erfolg die Rede sein. Erfolg hat der, der sich selbst als Ursache des angestrebten Resultats ansehen kann. Und wo Menschen am Werk sind, sind Unsicherheiten am Platz. So kann man eben trotz allem Bemühen und Können „Pech" haben und scheitern. Erfolg kann einem versagt bleiben, und die Arbeit wird nicht „gekrönt" von einem Erfolg. Dass dies eintreten kann, macht das Problem mit dem Erfolg aus.

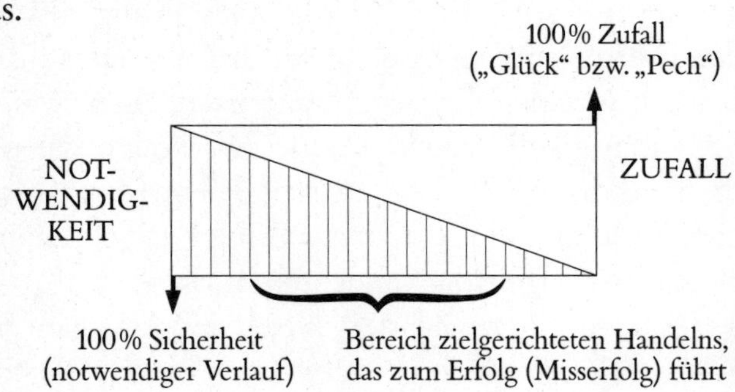

Mit Erfolg wird somit ein Bereich beschrieben, der zwischen der gesetzmäßigen Notwendigkeit auf der einen und dem rein zufälligen Zustandekommen der Wirkung auf der anderen Seite liegt. In diesen Zwischenbereich fällt das zielgerichtete Handeln des Menschen, sein *Bemühen,* eine bestimmte Wirkung zu erzielen.

Daraus ergibt sich zweierlei, was für den Umgang mit Erfolg von Wichtigkeit ist:

1. Was einen Erfolg darstellt, wird vom Menschen bestimmt (definitorische Erfolgsfestlegung). Man muss also wissen, was man als Erfolg und was man als Misserfolg ansieht.

2. Erfolg kann vom Menschen nur angebahnt, aber nicht vollständig erzeugt werden; Bemühen allein vermag Erfolg nicht notwendig zu bewirken (Insuffizienz in der Erfolgsrealisierung).

Der erste Punkt, die „Erfolgsortung“, geschieht durch den Menschen allein. Für den zweiten Punkt, für den „Weg zum Erfolg“, bedarf es zusätzlich zu unseren an Intensität und Zielrichtung angemessenen Bemühungen einer mehr oder weniger großen Portion Glück, braucht es die „Gunst der Stunde“; der religiöse Mensch würde vielleicht sagen: Es braucht den Segen oder die Gnade. Erfolg ist ein Produkt aus zwei Komponenten, besteht wie ein Amalgam aus der Mischung von Bemühen und „Zu-fall“:

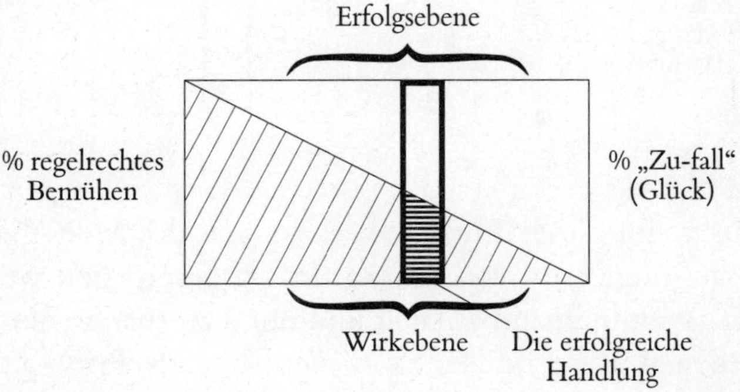

Weil das Eintreten des Erfolges nicht nur vom Menschen abhängt, kann er auch nicht zur Gänze als eigene Leistung verbucht werden; und ebenso kann Misserfolg nicht unbesehen zur Gänze mit Unfähigkeit gleichgesetzt werden (was z.B. der Depressive oder der Unsichere gerne tut). Genau so gilt natürlich, dass Misserfolg auch nicht unbesehen auf reines „Pech" zurückgeführt werden kann, wozu wieder der Selbstsichere neigt: denn an ihm kann es niemals liegen, meint er, wenn etwas schief geht.

In Wahrheit hat der wirkliche Erfolg ein echtes Bemühen zur Grundlage, also zur Voraussetzung, das Gelingen jedoch, das „Glücken" „fällt" dieser Grundlage „zu". Das Bemühen erhöht die Wahrscheinlichkeit für das Eintreten des Erfolges, mit Geschicklichkeit, Übung, Einsatz und Erfahrung vermag der Mensch die Erfolgschancen zu steigern und den Einfluss des Zufalls zurück zu schrauben:

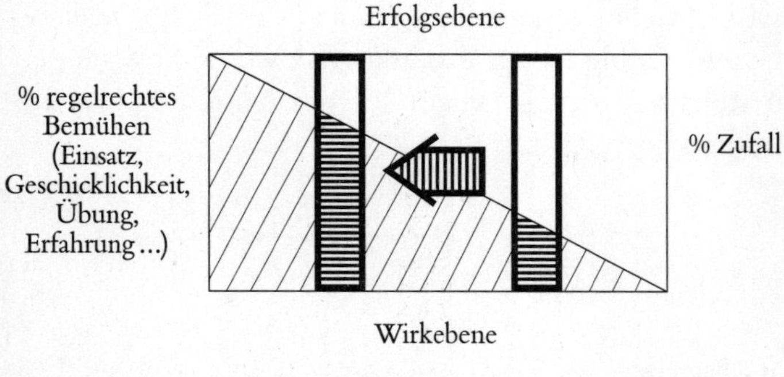

Nur wenn diese „Zutat" aus der Hand des Menschen voran ging, kann von echtem Erfolg gesprochen werden. Wenn jemand zufällig und ohne zu suchen einen goldenen Ring findet, kann das nicht als Erfolg bezeichnet werden, sondern ist eben reiner Zufall. Diesen Unterschied musste auch jener Rabbi lernen, der ob seiner Erfolglosigkeit in arge finanzielle Nöte geraten war und nicht mehr wusste, wie er seine fünf Kinder ernähren sollte. Er erbat sich von Gott in seiner Verzweiflung ein Wunder beim Lottospiel. Als sich nach mehreren Wochen nicht der kleinste Lottogewinn eingestellt hatte, ging er in den Tempel und beschimpfte Gott: „Herr, habe ich dich nicht genug gebeten, mir und meinen hungernden Kindern zu helfen? Zuerst gibst du mir fünf Kinder, und jetzt tust du nichts. Wie soll ich da noch an dich glauben können?" – Da erscholl die mächtige Stimme Gottes: „Rabbi, ich sehe deine Not, aber gib mir eine Chance! Geh und kaufe wenigstens *ein* Los!"

Das Bemühen erhöht die Chance für das Eintreten des Erfolges, sagten wir, aber die Reichweite unserer schaffenden Hände bedarf der *Verlängerung* durch die Gunst der Stunde, um das Erfolgsziel zu erreichen.

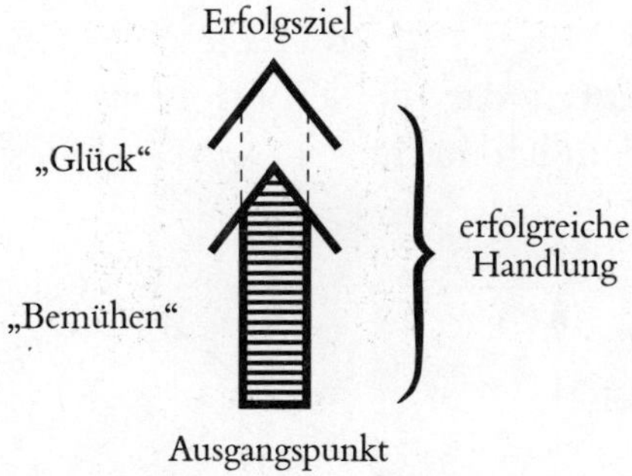

Holen wir uns nochmals ins Bewusstsein, dass der Erfolg vom Menschen zur Gänze definiert wird. Aus diesen beiden Gründen – Erfolg braucht unser Bemühen und wird durch uns definiert – geschieht leicht eine folgenschwere *Verwechslung,* die vom Wunschdenken noch zusätzlich genährt wird. Ohne dass man es sich recht überlegt hat, wird so zu leben begonnen, als ob sich der Erfolg direkt intendieren ließe. Die Motivation zum Handeln ist dann nur noch, Erfolg zu haben (so, als ob er durch das Handeln allein erreichbar wäre). Es wird übersehen, dass Erfolg aus zwei Elementen besteht, die in einer Hinsicht gegensätzlich sind: Nur eines kann vom Menschen beigesteuert werden; das andere muss „von selbst" dazu kommen, es entzieht sich unserem Zugriff.

Wie und warum es zum Zusammentreffen dieser beiden Elemente kommt, bleibt uns verborgen. Je mehr wir daher versuchen, in diesem Prozess „mitzumischen" und manipulativ einzugreifen, desto mehr wird er gestört – der Erfolg stellt sich um so schwerer ein.

Das echte Erfolgsrezept liegt darin, sich auf das angemessene Bemühen zu beschränken, ohne sich vom Erfolg abhängig zu machen. Der wird sich weisen.

Frankl (1985, S. 71) stellt diesen Sachverhalt mit einer Zeichnung dar, die den Erfolg als „Nebeneffekt" graphisch deutlich macht:

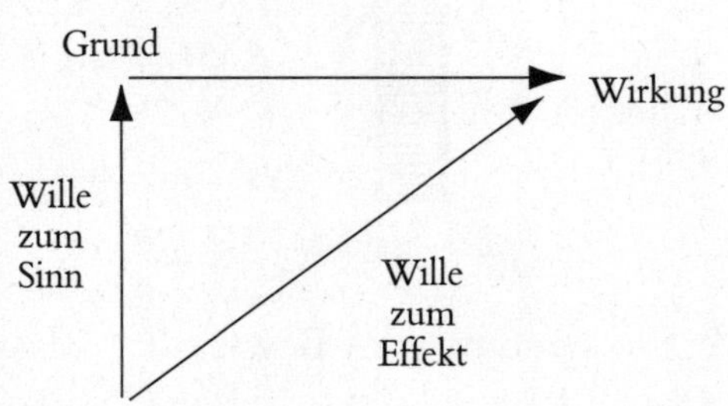

Das direkte Erreichenwollen einer Wirkung ist Effekthascherei, ist mehr Schein als Sein. Für eine echte Wirkung ist der „Umweg“ über die Auseinandersetzung mit den Dingen in der Welt – als Eigenwerte! – Grundlage und Voraussetzung.

Um es mit einem Beispiel kurz zu erläutern: Eltern sind für ihre Kinder dann eine echte Autorität, wenn der Einfluss auf dem vorgelebten Leben, auf ihrem Vorwissen und ihrem Können beruht. Eine Anweisung, die solchermaßen begründet und fundiert ist, hat eine ganz andere Wirkung auf den Heranwachsenden, als wenn sich die Eltern diese Mühe ersparen wollen und auf direktem Wege ein bestimmtes Verhalten der Kinder zu erwirken versuchen. Wie macht man das? Man weicht der Mühe aus und setzt Repressalien ein; oder das gewünschte Verhalten wird durch Tauschgeschäfte sozusagen erkauft. Auch der junge Mensch merkt, dass hier keine Autorität im Sinne von Kompetenz vorliegt, sondern empfindet die Eltern als autoritär bzw. erpressbar. Er spürt die Unechtheit der Mittel, mit denen eine Wirkung bei ihm erzielt werden soll, und setzt sich – zu Recht! – gegen den Eingriff in seine Freiheit zur Wehr, indem er sich gegen den sachlich unbegründeten Zwang auflehnt oder an der Erpressungsschraube dreht.

Zum Erfolg gehört das intensive Bemühen um den Werkstoff, gehört die Anstrengung des Einsatzes. Das Entscheidende dabei ist, dass sich das Bemühen auf die „Werkstoffseite“ beschränkt und das, was jenseits der Grenze liegt, erfolgen *lässt.*

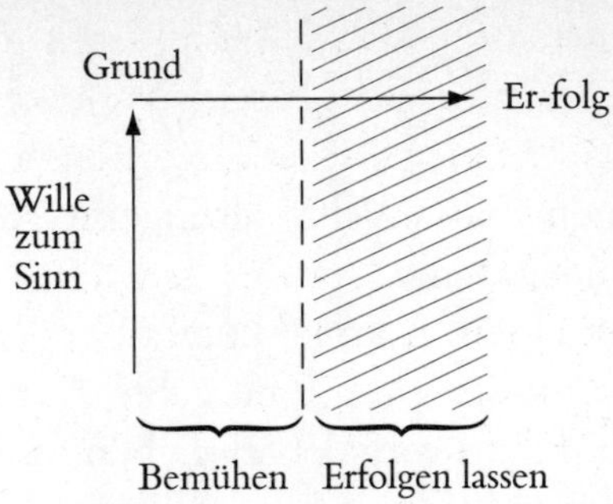

Im *Einsatz* für etwas, das selber einen Wert darstellt, liegt der Sinn. Der Sinn liegt somit zur Gänze auf der Seite des Realisierbaren, liegt stets innerhalb der Reichweite des Menschen: Sinn liegt nicht im Erfolg-Haben, sondern im entschiedenen Einsatz für einen Wert (wie z. B. eine Aufgabe, einen geliebten Menschen).

Erfolg haben bedeutet: Ich habe mit meinem Bemühen insofern Glück gehabt, als ich das angestrebte Ziel erreicht habe.

Sinnvoll zu leben bedeutet hingegen, dass ich mich auf Wertvolles hin ausgerichtet habe in meinem Bemühen; es bleibt daher sinnvoll, auch wenn das Ziel nicht erreicht wurde oder die Arbeit nicht abgeschlossen werden konnte.

Die Erfolglosigkeit eines Kunstwerkes, das bei der Premiere durchfällt, tut seiner Schönheit keinen Abbruch – und so manches unvollendete Werk gehört zu den schönsten unserer Kultur. Wäre Sinn im Erfolg zu suchen, was würde dann die Sinnsuche vom Glücksspiel unterscheiden?

Eine Handlungsmotivation, die sich nicht auf jene Werte beschränkt, mit denen man es unmittelbar zu tun hat, ist im Grunde bereits überdreht; sie geht zu weit, weil sie auf die Seite des Erfolgs übergreift. Der Versuch, wider die Natur der Sache den Erfolg erzwingen zu wollen, ist eine programmierte „existentielle Frustration“ (Frankl). Wohin führt sie? Sie führt im Wesentlichen zu drei Effekten, nämlich zu

1. Leeregefühlen (meist als „depressiv“ ausgegeben)

2. innerer Verkrampfung (gefolgt von muskulärer Verspannung)

3. Verunsicherung (seelische und geistige).

Wie es dazu kommt, wird Ihnen bereits verständlich sein:

Ad. 1. Der Erfolgsorientierte konzentriert sich auf seinen *Wunsch* (Erfolg zu haben) und verliert den Boden der *Tatsachen* (den Grund, der zum Erfolg führt) mehr und mehr aus den Augen. Zudem liegt das *Wozu* seines Handelns im Erfolg haben – hat er ihn, so hat er kein „Wozu?“ mehr. Er hat die Befriedigung (seines Wunsches), aber keine Erfüllung (seiner Person). Die Konzentration auf das Erfolg haben brachte ein Defizit an Basis und Ziel mit sich: an realen Handlungsgründen und überdauerndem Handlungswert. Auf jeden Fall folgt früher oder später eine *innere Leere.* Entweder blieb der Erfolg aus (was nicht unwahrscheinlich ist), oder man hatte doch Erfolg – dann war es aber nur um des Erfolg habens willen und daher inhaltsleer.

Ad 2. Man versucht, die entstandene Leere zu *kompensieren.* Sei es, weil man keinen anderen Weg kennt, sei es, weil man keinen anderen Weg will; man versucht neuerlich, mit seinem Erfolgskonzept das Glück zu erzwingen. Man spürt, wie schwer das geht. Die Bemühungen werden um so intensiver, je schwerer das Glück zu machen ist. Man verkrampft sich in seiner Haltung, verbohrt sich in seinen Bemühungen (Rigidität). Die Verspannung greift auf den Körper über (Verspannung der Schultermuskeln; Bluthochdruck; flaches Atmen). *Stress* stellt sich ein.

Ad 3. Eine tiefgehende, oft lange Zeit unbemerkte *Verunsicherung* tritt auf. Sie wird von zwei Erfahrungen genährt:

a) Man fühlt sich *bedroht,* weil man ja ständig erlebt, dass der Erfolg auch von „ichfremden" Einflussgrößen abhängt. Man fühlt sich ausgeliefert. Man erfährt die Begrenztheit des eigenen Wirkvermögens.

b) Wegen der „Leere nach dem Erfolg", wegen der eventuell zunehmenden Erfolglosigkeit der Bemühungen bzw. wegen des hohen Einsatzes erhebt sich mehr und mehr die Frage, ob es sich wirklich lohnt, für den Erfolg zu leben. Das kann sogar so weit gehen, dass es zu einer Erschütterung der Weltanschauung kommt und einem alles sinnlos und leer vorkommt, was man tut (obwohl man nicht depressiv ist).

Der Erfolgzwang mit den drei Symptomen kann auch zu *seelischen Störformen* führen, nämlich zu suchtähnlichem Verhalten, zu Ängsten und zur seelischen Blockade. Schauen wir uns diese Problemkreise etwas näher an.

Wenden wir uns zuerst dem suchtähnlichen Verhalten zu, und zwar im Besonderen der *Erfolgssucht.* Die Erfolgssucht ähnelt sehr jener Leidenschaft, wie sie vom Glücksspiel her bekannt ist (Dostojewski hat sie im „Spieler“ ausgezeichnet beschrieben). Ähnlich wie beim Glücksspiel geht es auch bei der Erfolgssucht darum, das Glück herauszufordern, denn alle Fasern des Menschen sind nur auf eines – eben auf das Erfolg haben – ausgerichtet. Ein Erfolgssüchtiger kann Tag und Nacht arbeiten, um seine Karriere weiter zu treiben; der Wert des ganzen Lebens hängt an dem, worin der Erfolg gesehen wird: Prestige, Geld, Macht, Luxus, Selbstbestätigung. Es liegt dann auch gar nicht weit vom Wege ab, mit „gezinkten Karten“ zu spielen, durch manipulative Eingriffe sich (Schein-)Erfolge zu erzwingen, von Einsätzen zu prahlen, die nicht geleistet wurden, und sich mit fremden Federn zu schmücken. Der Erfolgssüchtige lebt nicht von Erfüllung, sondern von Befriedigung – sein Tun lässt ihn innerlich leer. Weil er dies spürt, hetzt er noch mehr, um sein existentielles Vakuum, seine innere Leere, nicht spüren zu müssen – er betäubt sich. In späteren Stadien beginnt auch Alkohol eine Rolle zu spielen.

Der Erfolgssüchtige ist ein gefährdeter Mensch – was bleibt ihm nämlich, wenn sein Kartenhaus zusammenbricht? Leere und Langeweile klaffen auf, und er wird sich der Sinnlosigkeit seines Lebensstiles bewusst. Der Erfolgssüchtige braucht den Erfolg; er hat sich durch den Erfolg definiert; aber er hat sich dadurch zu einem Teil *fremd* bestimmt (weil ja zum Erfolg etwas von außen dazu kommen muss).

Der Erfolgszwang ist weiters, wie gesagt, auch mit Ängsten verbunden, die am ehesten als Angst vor Misserfolgen spürbar werden. Bei der *Misserfolgsangst* handelt es sich um das Spiegelbild der Erfolgssucht. Hier besteht eine Scheu vor dem Risiko und dem Spiel mit dem Glück. Oft sind schlechte Erfahrungen mit dem Spiel des Zufalls vorangegangen, so dass diese Menschen in der Art gebrannter Kinder sich möglichst absichern wollen. Auch hier besteht eine Überbewertung des Erfolgs, in dem das höchste Lebensziel gesehen wird. In ihren Augen gibt es nämlich nichts Schlimmeres, als sich vergebens bemüht zu haben, ohne Beute von der Jagd heimzukommen, nicht der gefeierte Sieger zu sein. Diese Menschen sind schlechte Verlierer. Aus Angst, „einen Korb zu erhalten", fordern sie die Dame ihres Herzens erst gar nicht zum Tanz auf. In der ängstlichen Scheu vor Misserfolg, vor Fehlern, vor Versagen oder vor Pech bringen sie sich um die Entfaltung ihres Lebens.

Die dritte Störform führt deswegen zur *seelischen Blockade,* weil Prozesse, die von Natur aus spontan und von selbst am besten und eigentlich nur dann störungsfrei ablaufen, erzwungen werden. Frankl spricht vom *„sexualneurotischen Reaktionsmuster"*, weil diese Fehlhaltung am deutlichsten bei den Sexualstörungen zutage tritt. Das Reaktionsmuster lässt sich aber nicht nur bei Sexualneurosen beobachten, sondern trifft eben auf alle Erlebnisse zu, die sich (nach vorangegangener Bemühung) von selbst einstellen müssen und nur dann als echt anzusehen sind.

Wer lustig sein will, wer partout in dieser Stunde eine Freude erleben will, wer glücklich sein will – je forcierter und direkter er dies anstrebt, desto verklemmter, erzwungener und vor allem leerer wird das Ergebnis. Man blockiert sich selbst, weil man „Hand an sich selber legt". Dem sexualneurotischen Muster liegt ein dreifacher Fehler zugrunde (vgl. auch Frankl 1985, S. 64–69):

1. Eine überhöhte Bewertung des Erfolges (z. B.: „Ich muss zum Orgasmus kommen, sonst blamiere ich mich").

2. Ein übermäßiges Nachdenken über Möglichkeiten, um auf alle Fälle zum (so erstrebten) Ziel zu kommen (tagelange Überlegungen, Phantasien und Vorbereitungen auf den nächsten Beischlaf hin).

3. Eine Selbstbeobachtung in actu (während des handelnden Vollzugs) statt Hingabe an den Partner („Wie nahe bin ich schon dem Orgasmus? Wird er diesmal noch schöner?").

In der Sexualität mündet solches Verhalten früher oder später in Störungen wie Impotenz oder Frigidität. Was nämlich über das autonome Nervensystem auf der körperlichen Ebene und beim Sexualakt im psychischen Bereich natürlicherweise autonom, das heißt von selbst, abläuft, wird durch Einstellung und manipulative Vorgangsweise in seinem spontanen Verlauf gehindert, und es kommt zur Blockade.

Das Störungsmuster findet sich auch, wie schon erwähnt, wenn man bemüht ist, einen Abend mit Gästen besonders lustig zu machen, wenn man besonders locker und nonchalant auf andere wirken will, wenn man für eine bestimmte Stunde eine gute Laune haben will. Dasselbe Störungsmuster findet sich nicht nur bei punktuellen Erfolgen. Es kann genauso gut auch als Lebenshaltung über viele Jahre das Handeln leiten, etwa wenn Menschen versuchen, glücklich zu sein und dieses Glücklichsein möglichst abzusichern, so dass es unabhängig von den Umständen bestehen bleiben soll. „Für Glück gibt es keinen Bezugsschein", resümierte einmal treffend eine Patientin die Erkenntnisse aus den vorangegangenen Therapiestunden. Auch für das *Glück* gilt das „Erfolgsprinzip": „Was der Mensch wirklich will, ist letzten Endes nicht das Glücklichsein. Sobald nämlich ein Grund zum Glücklichsein gegeben ist, stellt sich das Glück, stellt sich die Lust von selber ein." (Frankl 1985, S. 70).

An der Stelle, aus der dieses Zitat stammt, spricht Frankl nicht nur vom Glück, sondern auch von der *Lust,* die dem gleichen Prinzip gehorcht. Die Lust will angelockt werden – kaum etwas verscheucht sie mehr als Kampfeslärm. Im „Kampf um die Lust" wird versucht, Lust „ohne lange Umschweife" direkt zu erhalten.

„Aber leider: je mehr es einem um Lust geht, um so mehr vergeht sie einem auch schon." (Frankl 1986, S. 52). Warum? Weil ein befriedigendes Lusterleben ein Effekt ist, eine Folge von etwas anderem, das ihm vorausgehen muss. Befriedigendes Lusterleben ist eigentlich eine Nebenwirkung, und zwar „Neben-wirkung eines erfüllten Sinns und begegnenden Seins" (Frankl 1985, S. 71). Wird hingegen das Lusterleben – das heißt der innerpsychische Zustand und nicht etwa der reizvolle Gegenstand in der Welt – zum intendierten, unmittelbaren Ziel des Strebens gemacht, dann verlangt es die ganze Konzentration und wird „zum alleinigen Inhalt und Gegenstand der Aufmerksamkeit. In dem Maße aber, indem sich der neurotische Mensch um die Lust kümmert, verliert er den *Grund* zur Lust aus den Augen – und die Wirkung ‚Lust' kann nicht mehr zustande kommen".

Wie sieht – andeutungsweise – eine gezielte Hilfe aus, die aus den genannten Störungen herausführt? Wir sagten, dass der Grund dieser Störungen in einer Haltung liegt, die die Wirkungen auf direktem Wege erzwingen will, was der Natur der Sache zuwiderläuft. Wer in einer solchen Problematik steckt, wird mit Aldous Huxley sagen können: „Wie glücklich könnte man sein, wenn man nicht ans Glücklichsein zu denken brauchte." Eine adäquate Therapie wird daher die Entkrampfung herbeiführen, indem sie – entsprechend der begrenzten Reichweite der Menschenarme, die zum Erfolg nicht hinüberreichen – das Eingreifen und Wirken des Patienten auf die Seite der Gründe hinlenkt, also auf das konzentriert, was effektiv in Händen gehalten wird. Für den Sinn zählt das Sicheinlassen auf etwas oder auf jemanden um seines Wertes willen, nicht aber um des unmittelbaren, eigenen Erfolges willen. Der folgt schon nach, keine Sorge. Sich darum nicht sonderlich zu sorgen, bringt eine heilsame Gelassenheit mit sich, mit der viel Stress vermieden werden kann. Was wiederum mehr Kraft für das zielführende Bemühen übrig lässt.

Einen Ausweg findet der Sexualneurotiker, wenn er sich dem Partner nicht mehr als einem „Lustspender" nähert, sondern eine Sichtweise lernt, die ihn des liebens-würdigen und sogar geliebten Menschen ansichtig werden lässt. Es wird darum gehen, im Beischlaf die Aufmerksamkeit von sich selbst (nämlich von den lustvollen Effekten und Wirkungen auf seiner Seite) abzuziehen. Stattdessen wird er, hingegeben an das Du des Partners, auf die Schönheit von dessen sexuellen Reizen, den Charme der Person, dessen Innigkeit in der

Zuwendung und die vielen reizvollen und liebenswürdigen Eigenschaften des geliebten Menschen achten. Die soll er genießen, statt auf seinen Orgasmus zu lauern. Der erfolgt schon von selbst, und zwar um so heftiger, je freier und ungezwungener man ihn kommen lässt. Das ist das Grundprinzip einer Methode, die Frankl als *„De-Reflexion"* bezeichnet. Der Name besagt, dass die Reflexion vom Erfolg weg- und auf die Aufgaben, Werte und Schönheiten in der Welt hingelenkt wird.

Es ist zwar bekannt, aber wird unter dem Einfluss seelischer Störungen oft vergessen, dass auch die *Gefühle* einem entsprechenden Grund folgen. Sie können als das „innere Echo" auf die Konstellation der Situation (Reize, Erinnerungen, Gedanken ...) angesehen werden. Daher gehören sie in dieselbe Kategorie von Phänomenen, die von selbst erfolgen müssen, wenn sie echt sein sollen (ausgenommen sind gewisse Krankheiten, wie z. B. Depressionsformen, die in Phasen und praktisch grundlos auftreten können). Der Versuch, Gefühle auf direktem Wege zu ändern (angenehme Gefühle herbeizuholen oder unangenehme Gefühle zu beseitigen), stellt eine Vergewaltigung dar, die man sich selbst antut, denn sie missachtet den Grund ihres Entstehens. Es ist daher psychologisch verständlich, dass eine schlechte *Laune* am besten dadurch überwunden wird, dass man sich entweder gleich mit ihrem Grund auseinander setzt oder sie möglichst wenig beachtet und sich statt dessen einer anstehenden Aufgabe zuwendet oder sich einer kleinen Beschäftigung hingibt. Wer hat nicht schon beobachtet, wie schnell schlechte Laune dann verfliegt, manchmal zur eigenen Überraschung?

Das Grundprinzip des Erfolgens der Gefühle und Stimmungen findet sich auch bei *Ängsten* oder einigen Depressionsformen; allerdings bedarf es oftmals gewisser Techniken und methodischer Kenntnisse, um es bei klinischen Störungen zur zielführenden Anwendung zu bringen. Generell sei darauf hingewiesen, dass diese Darstellungen nicht dazu verleiten sollen, alles einseitig und ausschließlich unter dem Gesichtspunkt dieses Kapitels anzugehen. Es handelt sich sicherlich um einen wichtigen Aspekt, der bei vielen Verhaltensweisen eine Schlüsselfunktion einnimmt – aber es bleibt eben nur *ein* Aspekt des Verhaltens und der Einstellung.

Manche Menschen meinen, dass mit dieser „dereflektiven Haltung" ein *Verzicht* verbunden sei, nämlich der Verzicht auf Glück, Lust, Ansehen, Erfolg. In Wirklichkeit trifft das Gegenteil zu, wie wir gesehen haben. Verzichtet wird lediglich auf die manipulative (manche würden auch sagen: narzisstische) Selbstüberhöhung, die glaubt, über das Schicksal verfügen zu können. Die dereflektive Haltung basiert auf einem fundamentalen Realismus, der die Größe und den tatsächlichen Einfluss menschlichen Wirkens in die richtigen Proportionen rückt. Ein solcher Realismus macht sich auf alle Fälle bezahlt. Das Leben kann effektiver gestaltet werden und wird dadurch wesentlich erfüllter. Man erspart sich nicht die Arbeit, aber man erspart sich unnötigen Stress.

Diese Einsicht war für einen pensionierten Arzt der Schlüssel zu einer deutlichen Verbesserung des Lebensgefühles und vor allem der Beziehung zu seiner Frau.

Er suchte die psychotherapeutische Hilfe auf, weil sein Unternehmungsgeist in der Pension immer mehr versiegte und er unter depressiv-ängstlichen Verstimmungen zu leiden hatte. Sein Zustand hindere ihn „am Glück schlechtweg“, wie er sagte. Glück hält er für einen Zustand, den man einfach hat. Er hält nichts davon, dass das Glück einen entsprechenden Grund haben müsse, in dem man seine Arbeit investiert. Er habe sein ganzes Leben unter dem Aspekt der Nützlichkeit gelebt.

Die Belastung war in erster Linie seine Frau. Jetzt, wo er ständig zu Hause war, konnte er ihre (neurotischen und körperlichen) Krankheiten schwer ertragen. Er fühlte sich verantwortlich für sie, ohne ihr wirklich Heilung verschaffen zu können, und fremde Hilfe lehnte sie ab. Die Erfolglosigkeit seiner Bemühungen kränkte ihn; er hielt es bei seiner Frau immer weniger aus, und sogar kleine Hilfsdienste begannen eine Belastung zu werden.

Worin lag hier das Problem? In den Augen eines Menschen, der in seinem Leben nur dem Nützlichkeitsaspekt folgen will, hat eine Hilfe erst dann einen Wert, wenn sie zur Heilung führt. Dass Hilfe gleichzeitig Ausdruck der Beziehung, der Liebe, der Zuwendung ist, fällt aus diesem Wahrnehmungsraster heraus. Nur der Erfolg zählt. Fällt er aus, so war das Bemühen eine Fehlinvestition. Die permanente Frustration seiner Bemühungen führte nun dazu, dass sein Selbstwertgefühl zusammenbrach („Ich bin ein Versager; ich mache ja doch alles falsch“). Bei dieser Entwicklung ist es verständlich, dass er begann, seine Frau zu meiden, da es ihm immer schwerer fiel, mit der vermeintlichen Ursache seiner Frustration zusammen zu sein. Die Frau reagierte natürlich mit Vorwürfen auf seinen Rückzug, und es fehlte wenig, dass es durch die Eskalation zur Explosion gekommen wäre. Die Depression gewährte dafür einen gewissen Schutz; denn eine Trennung hätte seiner im Grunde liebevollen Einstellung zur Frau widersprochen. Wie konnte er aus seiner Pattsituation herausfinden?

Es brauchte einige Gesprächsstunden, bis es zur entscheidenden Einsicht kam. Diese bestand für ihn darin, dass er einen realistischen Stolz als Arzt und Gatte sich bewahren konnte, weil er sich sagen durfte: „Ich habe alles für meine Frau getan, was an ärztlicher Hilfe zur Gesundung getan werden kann. Mehr ist auch einem Arztgatten nicht mehr möglich." Bei seiner Gewissenhaftigkeit war daran kein Zweifel. Aber sein Stolz war nun begleitet von der bescheidenen Einsicht: „Für den Erfolg meiner Bemühungen bin ich nicht verantwortlich. Die Heilung ist nicht mehr meine Aufgabe, entsprechend dem alten Grundsatz: Medicus curat, natura sanat (der Arzt pflegt, die Natur heilt)."

Die Kehrseite dieser Bescheidenheit war eine Entlastung der Situation: „Mehr muss ich also gar nicht tun!" Gerade als Gatte bei der eigenen Frau (und einzigen Patienten in der Pension) Erfolg haben zu müssen, stellte eine andauernde Überforderung dar. Sie war nun einer echten und realistischen Verantwortung gewichen; sie zu erfüllen, war die Leistung, was für das neue Selbstwertgefühl entscheidende Auswirkungen hatte. Die Verunsicherung, ein Versager zu sein, war gewichen. Die verkrampfte Beziehung zu seiner Frau wurde dadurch so entspannt, dass Gespräche wieder möglich wurden. Er konnte sie auffordern, sich über ihren Leidenszustand auszusprechen, denn er hatte jetzt die Kraft, an ihrem Leiden Anteil zu nehmen. Sein Leben hatte einen Sinn bekommen; es war ausgerichtet auf das Motto: „Ich habe es geschafft", statt: „Es hat mich geschafft".

6. Kapitel

Ist Verantwortung sinnvoll?

Der Sinn der Freiheit ist das Verantwortlichsein. Verantwortlichkeit ist unaufhebbar mit der Freiheit verknüpft – Verantwortung: ein Begriff der Beziehung – Umgang mit Schuld

Was durch eigene Leistung gelungen ist, ist mein Verdienst. Was durch meine freie Tat zum Scheitern gebracht wurde, ist meine Schuld, schlägt sich als Defizit in meinem Dasein zu Buche. Jedes Geschehen, für dessen Zustandekommen meine Beteiligung eine Rolle spielte, steht zwischen den Polen Verdienst und Schuld, ist mir zugute zu halten oder stellt mich in ein schlechtes Licht vor mir selber (oder auch vor anderen), vorausgesetzt, ich war als freier Mensch daran beteiligt. Frei, das heißt, ich habe im Wissen um das, worauf ich mich einlasse und worum es bei der Sache geht, entschieden und gehandelt. Nirgends zeigt sich deutlicher, wer ich bin, als in Ereignissen, bei denen es auf mich ankommt. Meine Reaktion, meine Antwort auf den Sinn der Situation (ob und *wie* ich ihm entspreche oder ihn liegen lasse), erzeugt jenes Licht, in dem ich vor mir selbst und vor den anderen Menschen dastehe. Denn als freier Mensch habe ich nicht in jemandes anderen Namen gehandelt, bin nicht als Werkzeug unter einem

Zwang gestanden. *Ich* war es allein, der dem Geschehen seinen Stempel aufgedrückt hat; es ist in meiner Handschrift abgefasst. Da ich es war, der es tun wollte und erwirkt hat, bleibt es mein Verdienst, auch wenn sich ein anderer den Erfolg zugute hält oder ihn als den seinen ausgibt; und es ist meine Schuld, wenn ich einem Unrecht folgte, auch wenn andere dies anders sehen. Dort, wo ich frei gehandelt habe, kann ich niemand anderen verantwortlich machen (Schuldabschiebung), kann sich aber auch niemand anderer als verantwortlich ausgeben (Verdienstzuschreibung). Die Tat bleibt an mir hängen. Sie ist Ausdruck der eigenständigen, wirklichen Person und ihrer Ziele, denen sie sich verbunden fühlt.

Wenn das freie Handeln Wertvolles bewirken konnte, wenn es erfolgreich war, will man die Verantwortung dafür nicht abgeben.

Wenn hingegen ein Schaden entstand, dann soll man gar nicht versuchen, sie abzuschieben, denn man kann es ebensowenig, wie man aufhören kann, man selbst zu sein.

Was immer ich freiwillig tat – dafür bin ich auch verantwortlich. Was nicht geworden wäre ohne mich, das zeugt nun auch von mir. Hatte zuerst ich mit ihm zu tun – nachher hat es mit mir zu tun!

Im Weiteren soll geklärt werden, was echte Verantwortung ist, um dann auf die Übernahme von Verantwortung zu sprechen zu kommen und schließlich einige Überlegungen anzustellen, wie mit Schuld sinnvollerweise umgegangen werden kann.

Verantwortlichsein bedeutet, sich selber ins Spiel zu bringen. Mit anderen Worten: Verantwortung taucht dort auf, wo etwas mich an-geht. Dort, wo es auf mich ankommt (wie ich handle und ob ich handle) – überall also, wo ich zu entscheiden habe, stehe ich mitten in der Verantwortlichkeit. Alle Verantwortung setzt die Freiheit der Person voraus. (Darum kann auch niemand schuldig werden für etwas, das trotz aller gebotenen Vorsicht und gegen seinen Willen geschah, oder für etwas, das er nicht selbst getan hat. In solchen Fällen geht es nicht um Schuld, und es gibt daher auch keine Kollektivschuld; zur Diskussion steht allenfalls die Frage der Haftung.)

Freiheit und Verantwortung sind untrennbar miteinander verbunden, sind wie zwei Seiten einer Medaille. Freisein heißt eben, selbst zu entscheiden und damit der Verursacher einer Wirkung zu sein. Freies Handeln schließt zwingend Verantwortlichkeit in sich ein, ganz gleich, ob man darum weiß oder nicht. Diese prinzipielle Verantwortlichkeit ist die Basis für die konkrete Verantwortung in jeder Situation.

Der Verantwortung geht also die Freiheit voraus. Wenn wir diesen Gedanken von der anderen Seite betrachten, dann heißt das, dass es bei der untrennbaren Verbindung von Freiheit und Verantwortung darauf ankommt, wie die Freiheit sinnvollerweise verwendet werden soll. Freisein um des Freiseins willen mündet in Leere und Unverbindlichkeit. Wenn es nur um die Freiheit ginge, könnten wir ja nichts mehr tun, denn sofort würde die Freiheit aufgegeben durch eine Entscheidung. Wir haben schon früher (vgl. Kapitel 1 und 2) gesehen, dass wir uns auf jeden Fall entscheiden *müssen.* Und wir sahen, dass die bestmögliche Entscheidung „Sinn" genannt wird (vgl. Kapitel 3 und 4). Wenn man aus seiner Freiheit das Beste machen will, dann geschieht das dadurch, dass man sie hergibt für den Sinn der Situation, sie in einer Entscheidung für ihn aufgehen lässt. Dadurch geht die Leere des „frei von" über in die Fülle des „für für". Den negativen Aspekt der Freiheit ersetzt ein positiver: Die Freiheit wurde mit einem Sinn erfüllt – der *Sinn der Freiheit ist die Verantwortung.*

Wir haben am Ende des vierten Kapitels eine Lebenshaltung als Schlüssel zu aller Sinnfindung besprochen. Dort sagten wir: Der Mensch ist im Grunde und von allem Anfang an „der vom Leben her Befragte, der dem Leben zu antworten" hat (Frankl 1982, S. 72). Im Antwort geben auf die anstehenden „Lebensfragen", im Bearbeiten der Aufgaben und Sich-Einlassen auf die Erlebniswerte wird das Leben ver-antwortet. In der gewissenhaften Beantwortung der Sinnfragen liegt die Verantwortung.

Wofür der Mensch verantwortlich ist, das ist damit und durch die Ausführungen des Buches bereits gesagt: für die Erfüllung des Sinns, der durch die Wertmöglichkeiten einer jeden Situation gegeben ist.

Und was ist das, *wovor* der Mensch verantwortlich ist? Wem gegenüber, vor welcher Instanz trägt er die Verantwortung? „Nun, wer dürfte diese Frage für den anderen beantworten? Hat diese letzte Frage nicht jeder letztlich für sich zu entscheiden?" (Frankl 1981, S. 134). Kann darauf also keine Antwort gegeben werden? – Eine *Antwortrichtung* lässt sich ebenso zeigen, wie dies vorher auf die Frage, wofür der Mensch verantwortlich sei, möglich war. Was der Sinn konkret sei, wurde ja auch nicht gesagt: Er hängt von der Situation und von der Person ab und kann nicht vom Therapeuten bestimmt werden. Daher kann die Antwort nur sein, zu sagen, *wie* dieser Sinn gefunden werden kann.

Wovor ist also der Mensch existentiell verantwortlich? Er ist verantwortlich vor dem höchsten Wert, den er in seinem Leben kennt. Das ist für den einen der Wert, der er selber ist: sein Gewissen. Ein anderer fühlt sich verantwortlich vor einem geliebten Menschen, vor dem er sich als würdig erweisen will. Für einen dritten ist es sein Gott, vor dem er sich bewähren will (vgl. Frankl, ebd.). Es ist durchaus möglich und sogar anzunehmen, dass diese Bereiche einander gar nicht ausschließen, sofern sie für den Menschen wahr sind, mit ihm „stimmig" sind. Denn „Gewissen" meint im existentiellen Verständnis nicht die Übernahme traditioneller oder anerzogener Werte, sondern eine persönlich empfundene Stimmigkeit. Durch dieses persönliche Gespür für das, was gut und richtig ist, erhalten wir eine Orientierung für sinnvolles, erfüllendes Entscheiden und Handeln. Es ist dieses Gespür, in welchem sich die existentielle Verantwortung letztlich zeigt.

Es lohnt sich um der Klarheit willen, das Wesen der Verantwortung mit anderen (ungewohnten?) Worten wiederzugeben:

Verantwortung, das ist meine *Antwort* auf den jeweiligen Sinn, die in *Resonanz* mit meinem höchsten Wert steht. Verantwortung hat daher nichts zu tun mit Pflichtübungen, die jemand Fremder von mir verlangt. Verantwortung ist ein Begriff der *Freiheit.* Und darf daher auch nicht mit Vorschriften, Gesetzen, Gebrauchs- und Bedienungsanleitungen verwechselt werden.

Verantwortung ist Ausdruck meiner *Verbundenheit* mit einem Menschen, mit einer Idee oder einer Sache.

Verantwortung ist ein Begriff der *Beziehung!* Das Ausmaß, in dem Verantwortung übernommen wird (indem Zeit und Mühe und Sorge in Kauf genommen werden), zeigt an, wie viel mir der Gegenstand meiner Verantwortung wert ist.

Verantwortlich sein, das heißt: sich *widmen.* Sich hingeben wollen, für etwas da sein wollen, ist freiwilliges Sich-Verpflichten.

Für etwas verantwortlich sein heißt: es lieben – im Bewusstsein, damit im Sinne meines höchsten Wertes zu leben. Verantwortung ist *Engagement für seine Werte.*

Im verantwortlichen Handeln kulminiert die Eigenständigkeit der Person, wird die Freiheit ihrem Sinn zugeführt. So wundert es nicht, dass das oberste Ziel der Logotherapie und Existenzanalyse Frankls die Hinführung des Menschen zur Eigenverantwortung ist.

Denn Leben ohne Verantwortung ist wie „ungelebtes Leben", ist zwar erlebtes Leben, aber nicht gelebtes Leben.

Manche Menschen schrecken vor der Eigenverantwortung zurück. Sie haben Angst, denn all zu oft sehen sie in ihr einen Zwang, eine Instanz, vor der sie ihre Freiheit aufgeben müssten und Liebgewordenes entwendet würde. Da braucht es viel Feingefühl, um mit ihnen darüber ins Gespräch zu kommen und nichts aufzudrängen, sie nicht unter Druck zu setzen – denn Verantwortung ist ein Kind der persönlichen Freiheit. Gerade weil sie gedrängt wurden, entwickeln die Menschen oft eine Scheu, ihre Verantwortung, ihr Leben selber in die Hand zu nehmen. Und darum ist es so wichtig zu wissen, dass Verantwortung nicht durch Strafe und Drohung gelehrt werden kann. Zur Verantwortung kann man sich nur „gezogen“ fühlen. Um Verantwortung aber übernehmen zu können, ist es wichtig, neben der Zuständigkeit auch das Ausmaß der Anforderungen einzuschätzen, das man sich zumuten kann. Existentielle Verantwortung für ein Kind z. B. heißt nicht, „alles“ für das Kind selber zu tun. Existentielle Verantwortung hat aber zur Voraussetzung, dass man der Situation auch gewachsen ist.

Die Lebensform, bei der die Verantwortung auf weiter Strecke zurückbleibt, ist die Neurose, also eine seelisch verursachte Krankheit. Das heißt nun nicht, dass man gleich neurotisch wird, wenn man Verantwortung nicht lebt. Zu sagen ist an dieser Stelle lediglich, dass der Neurotiker typischerweise ständig darauf hinweist, dass er nicht anders handeln könne und darum auch nicht verantwortlich sei. In seiner Neurose erlebt er sich als passiv, er *wird* mehr gelebt, als er selber lebt. Wenn er beispielsweise Angst hat, so bestimmt und verfügt sie über ihn. Er traut sich nicht mehr aus dem Haus, aus Angst, er könnte einen Herzinfarkt bekommen, obwohl er ein völlig gesundes Herz hat.

So ähnlich ging es einem jungen Mann, bei dem nach vielen Stunden Existenzanalyse (er hatte inzwischen schon wieder eine recht große Bewegungsfreiheit erlangt) deutlich wurde, welch starkes Bedürfnis nach Umsorgtsein er seit der Jugend entwickelt hatte. Damals hatte sich seine Mutter scheiden lassen, worunter er sehr gelitten hatte. Die Angst saß ihm noch immer im Nacken, von lieben Menschen plötzlich getrennt zu werden, und so war er ängstlich bemüht, von ihnen Zuwendung zu erhalten. Darin sah er die Garantie, dass er in absehbarer Zeit nicht allein gelassen würde. Soweit in Kürze der psychische Mechanismus dieser Angstneurose.

Viel versteckter in seiner Vergangenheit war eine Entscheidung, die seinerzeit nur kurz wirksam war und darum sehr in Vergessenheit geriet. Sie hatte die Weichen für sein weiteres Leben gestellt. Er war vierzehnjährig, mit der Scheidung seiner Eltern nicht einverstanden gewesen und hatte sich zum Kampf entschlossen. Aber wie sollte er das tun?

Der Vater verschwand aus dem Gesichtskreis, und auf die Mutter war er angewiesen. Sollte er sie kränken, wo sie doch wirklich bemüht um ihn war und alles für ihn tat? Er entschloss sich zu einem „Sitzstreik" in seinem Trotz: Er wollte nicht erwachsen werden. Er begann damals, in vielen Bereichen absichtlich keine Verantwortung zu übernehmen, sondern sie der Mutter zuzuschieben. Das war taktisch insofern geschickt, als er dadurch die Beziehung der Mutter nicht in Gefahr brachte, sondern sich ihrer Bemühungen zusätzlich vergewisserte und sie, zumindest nach seinem Empfinden, für ihre Tat trotzdem bestrafen konnte.

Mit gelegentlichen psychosomatischen Beschwerden wuchs er heran. In der Ehe verschwanden sie, und er lebte eine gute Zeit in der totalen Geborgenheit und praktisch sorgenfrei. Da kam ein Kind. „Mit dem Sohn hat sich alles geändert. Jetzt gab es das paradiesische Leben nicht mehr. Denn für das Kind wollte ich Verantwortung übernehmen. Aber ich habe mich überhaupt nicht darauf vorbereitet gehabt!" Bald nach der Geburt des Kindes brach die Angstneurose aus. Er konnte das Haus nur noch in Begleitung verlassen. Nach vielen Stunden Therapie wusste er um den Grund seiner Krankheit: „Das, wovor ich eigentlich Angst habe, ist, allein mit meinem Leben zurechtkommen zu müssen. Die Neurose ist eigentlich nur die Angst vor der Verantwortung!“ sagte er. Und weiter: „Jetzt ist mir auch klar, warum eine Neurose so stark werden kann, denn es handelt sich dabei ja um die gesamte Lebenseinstellung. Darum kann man auch nicht so einfach da rauskommen.“

Schlagartig waren ihm nun viele Verhaltensweisen in der Neurose verständlich geworden, etwa warum er nur mit gewissen Begleitpersonen außer Haus gehen konnte, warum er keine Taxis benützen konnte, warum er nur mit bestimmten Personen arbeiten konnte und in Gegenwart anderer Angst bekam. „Alles konnte ich machen, wenn ich wusste, dass da jemand neben mir war, der bereit war, Verantwortung für mich zu übernehmen und dem ich es im Ernstfall auch zutrauen würde.“ In der nächsten Stunde: „Mir ist inzwischen klar geworden, dass ich noch in viel mehr Bereichen die Verantwortung nicht übernommen habe. Jetzt habe ich auch bei vielen kleinen Dingen angefangen, selbst die Verantwortung zu übernehmen: beim Geld einteilen, Kleider kaufen, Essen besorgen …“

Nicht aus Angst, sondern aus einem falschen Verständnis heraus verweigerte Frau A. die Verantwortung. Sie hatte viele Schwierigkeiten im Umgang mit sich selbst und wollte darum klärende Gespräche. Ihre Geschichte illustriert, wie durch den Druck der Erziehung ein falscher Begriff von Verantwortung entstehen kann, gegen den sich ein Mensch dann unter Umständen lange zur Wehr setzt und dabei das Kind mit dem Bade ausschüttet. (Die Schilderung ist auf eine Kurzdarstellung des Aspektes der Verantwortung beschränkt.)

Frau A. glaubte, dass ihre Erziehung zu einem angepassten Mädchen – und nicht sie selbst – schuld an ihren Problemen sei. Denn man habe ihr beigebracht, dass ein Mädchen bereit sein müsse, Verantwortung zu übernehmen, und dagegen begann sie sich schon in der Pubertät zu wehren. Denn Verantwortung bedeutete für sie, unterwürfig zu sein, sich verleugnen müssen, nicht sie selbst sein zu dürfen, Vorschriften gehorchen zu müssen. Darum war sie allergisch gegen alles, was wie Verantwortung aussah. Das ging schließlich so weit, dass sie sogar bei Kleinigkeiten schon ein widersprüchliches Gefühl verspürte, etwa wenn sie ganz allein eine Schokolade essen wollte. Natürlich wusste sie, dass es von ihr allein abhing, ob sie sie aß, aber die Tatsache, dass häufiger Schokolade-Konsum Karies verursacht, wofür sie die Verantwortung allein zu tragen hätte, versetzte sie bereits in leichte Rebellion, denn sie wollte nichts von außen „aufgesetzt" bekommen.

Was ihr aus der Sackgasse herausgeholfen hatte, war das behutsame Gespräch, in dem sie einen lebendigen Begriff von Verantwortung kennenlernte, denselben, der hier beschrieben wurde. Viele Rückfragen waren nötig, und der Umgang mit dem sinnorientierten Verantwortungsbegriff bedurfte vieler Übungen. Es zeigte sich, dass sie eigentlich immer schon gerne solche Verantwortung übernommen hätte. Und auch dies wurde deutlich: dass ihre Rebellion im Kern bereits aus einer Verantwortung für sich getragen war. Darauf konnte schließlich der freiwillige Verantwortungsbegriff aufgebaut werden.

Zur Verantwortung fühlt man sich gezogen, haben wir weiter oben gesagt. Daraus folgt, dass man sich ihr auch entziehen kann. Wir sagten auch, dass das, womit ich jetzt zu tun habe, nachher dann mit mir zu tun hat.

Was kann ich aber tun, wenn daraus etwas entstanden ist, mit dem ich nicht mehr einverstanden bin, weil ich mich geirrt oder schuldig gemacht habe? Nun ist es passiert, jetzt kann es nicht mehr rückgängig gemacht werden. Darin liegt ja die Last, dass wir die Freiheit nicht mehr besitzen, das Vergangene ungeschehen zu machen, was uns unsere Begrenztheit besonders deutlich macht. Wozu dann noch viele Gedanken darauf verwenden, wenn man ohnehin nichts mehr tun kann?

Der religiöse Mensch würde dem sofort widersprechen. Er kennt die Reue, die Beichte, die Bußfeier. Ist er deswegen schlechter dran, weil er büßen soll, während der nicht Religiöse bequem zuschauen kann, da für ihn die Sache geschehen und vorbei ist?

Als aufmerksame Leserin oder aufmerksamer Leser haben Sie bemerkt, dass jeglichem sinnvollen Umgang mit einer Sache oder einem Problem ein Grundprinzip vorangeht:

Was man ändern kann, das soll gestaltet werden.

Wo etwas unabänderlich ist, dort kann ich mich verändern.

Mit der Schuld sind viele Problemkreise angesprochen. Psychotherapeutisch gesehen, ist das *erste Problem der Schuld* die Ohnmacht des Menschen gegenüber der

Unabänderlichkeit des Geschehenen. Weil die Menschen mit ihr nicht fertig werden, resultiert daraus oft Resignation und ein falsches Verhalten.

Die Schuld wird verleugnet oder bagatellisiert; oder die Menschen reagieren mit ohnmächtiger Wut auf sich selbst, mit unablässigen Selbstvorwürfen und zerknirschten, „depressiven" Gefühlen – Reaktionen also, die zwischen den Polen Leichtsinn und Selbstzermürbung angesiedelt sind.

Bei einem angemessenen Umgang mit der Schuld wird man hingegen versuchen, die verlorengegangene Dimension der Freiheit wieder einzuführen, um sinnvoll mit dem Geschehenen zurechtzukommen. Dafür werden wieder die genannten Grundprinzipien benötigt, diesmal allerdings in umgekehrter Reihenfolge. Denn bei Ereignissen, die hinter mir in der Vergangenheit liegen, wo alles bereits so fixiert ist, dass es nicht mehr ungeschehen gemacht werden kann, bedarf es zuerst der Einstellungswerte, dann folgt die Tat.

Und wirklich, alles, was wir über die Einstellungswerte gesagt haben (vgl. Kapitel 3), lässt sich auch auf die Schuld anwenden, wo das Geschehene ebenfalls unabwendbar geworden ist. Nun, das Geschehene ist zwar abgeschlossen, aber ich bin noch nicht fertig damit. Mich selbst kann ich noch ändern, auch meine Einstellung zum Geschehnis, zu meiner Tat. Aus einer trotzigen oder auflehnenden Haltung zum Beispiel kann ich heraus kommen (manchmal erst mit Hilfe anderer), kann mir den Sachverhalt einmal in Ruhe anschauen, die Tat mir eingestehen, die Schwäche mir zugestehen. Die Anerkennung des Faktischen, also dessen, was wirklich mit mir los ist, zeigt erst die Kluft zum Ideal;

ich beginne zu sehen, was an Veränderung und Arbeit an mir nötig ist, um nicht mehr vor mir fliehen zu müssen.

Nach der Einsicht in die Schuldhaftigkeit der Tat folgt als zweiter Schritt die *Klärung noch offener Schuldigkeit,* nämlich dessen, was trotz des Geschehenen noch verändert werden kann. Sehr oft bieten sich dafür die Möglichkeiten der Wiedergutmachung und praktisch immer die der stellvertretenden Wiedergutmachung. Realistischerweise darf nicht übersehen werden, dass ein Schaden oft noch behoben oder ersetzt werden kann. Würde die Schuld nicht sogar größer, wenn man sich darum drücken wollte? Wenn man erkennt, etwas unrechtmäßig entwendet zu haben, sich aber weigerte, es zurückzugeben?

Manchmal ist es nicht mehr möglich, dem betroffenen Menschen zurückzuerstatten, was man ihm genommen hat. Mir fällt dazu eine Frau ein, die mir erzählte, dass sie viele Jahre nach einer vollzogenen Abtreibung diese nicht mehr für richtig gehalten und daraufhin begonnen hatte, ihren Nachbarinnen die Sorge für die Kinder öfter und regelmäßig abzunehmen, und sich sehr mit den fremden Kindern beschäftigte. Sie wollte an ihnen wiedergutmachen, was sie sich an ihrem eigenen Kinde zu Schulden kommen ließ. Ohne diese Tat wäre die späte Einsicht für sie zu billig gewesen (vgl. dazu Frankl 1984, S. 214). Sie wollte sich diese Einsicht etwas kosten lassen, entsprechend dem Wert, der für sie persönlich damit verbunden war, und scheute nicht die finanziellen Kosten, nicht den Zeitaufwand und auch nicht die Mühen. (Ein solcher freiwilliger Einsatz eines Menschen steht weit über einer bloßen Kompensation des Verlustes, die lediglich dem eigenen Anspruch dienen würde!)

Wer verstanden hat, dass Schuld kein Schicksal ist, durch das sinnvolles Leben unmöglich wird, wird freier zur Übernahme von Verantwortung, denn er braucht vor ihr nicht mehr zurückzuscheuen aus Angst vor möglicher Schuld. Er wird reifer für ein eigenbestimmtes Leben. Aber bequemer wird das Leben dadurch nicht, nur substantieller, lohnender, erfüllter.

Diese beiden Seiten der Verantwortung, das Schwere und das Schöne an ihr, werden im folgenden Text angesprochen, wobei die Größe der Verantwortung noch einmal deutlich wird:

„Verantwortung ist dasjenige, wozu man ‚gezogen' wird und – demnach sich ‚entzieht'. Die Weisheit der Sprache deutet damit an, dass es im Menschen Gegenkräfte gibt, welche ihn davon abhalten, Verantwortung zu übernehmen. Und tatsächlich – es ist etwas an der Verantwortung, das abgründig ist: Je länger und tiefer wir sie in den Blick nehmen, um so mehr werden wir dessen gewahr – bis uns schließlich eine Art Schwindel packt; vertiefen wir uns in das Wesen menschlicher Verantwortlichkeit, dann erschauern wir: Es ist etwas Furchtbares um die Verantwortung des Menschen – und zugleich etwas Herrliches!

Furchtbar ist es: zu wissen, dass ich jeden Augenblick Verantwortung trage für den nächsten; dass jede Entscheidung, die kleinste wie die größte, eine Entscheidung ist ‚für alle Ewigkeit', dass ich jeden Augenblick eine Möglichkeit, die Möglichkeit des einen Augenblicks, verwirkliche oder verwirke. Nun birgt jeder einzelne Augenblick Tausende von Möglichkeiten – und ich kann nur eine einzige wählen, um sie zu verwirklichen; alle anderen aber habe ich damit auch schon gleichsam verdammt und zum Nie-sein verurteilt – und auch dies: ‚für alle Ewigkeit'!

Doch herrlich ist es: zu wissen, dass die Zukunft, meine eigene Zukunft und mit ihr die Zukunft der Dinge, der Menschen um mich, irgendwie – wenn auch in noch so geringem Maße – abhängig ist von meiner Entscheidung in jedem Augenblick. Was ich durch sie verwirkliche, ‚in die Welt schaffe', wie wir sagten – das rette ich in die Wirklichkeit hinein und bewahre es so vor der Vergänglichkeit." (Frankl 1981, S. 140-141.)

7. Kapitel

Vergänglichkeit und Sinn

*Die größte Angst im Leben: der Tod? –
Versäumtes Leben macht sterben schwer – Offenheit
und sich einlassen – Der „ontologische Sinn":
der Sinn des Ganzen – Endlich leben! –
Der „Existentielle Sinn": Sinn durch mich –
Der Schlüssel zur Sinnfindung: Menschsein heißt
in Frage stehen – Leben ist Antwort geben*

Lassen Sie uns zum Schluss nochmals über das Leben nachdenken. Über das Leben in seiner Ganzheit, nicht nur über Teilaspekte des Lebens. Über das, was das Leben *wesentlich* macht.

An dieses Thema kommen wir am schnellsten mit einer vielleicht ungewöhnlichen Frage heran: Was ist es, was uns die größte Angst im Leben macht? – Als größte Angst des Lebens gilt allgemein der Tod. Denken wir an ihn, so haben wir das Gefühl, als ob er sich hinter der Maske des Alterns in unser Leben hereindrängte, ein Fremdling, der hier nichts zu suchen hat. Unheimlich ist uns zumute, wenn wir sehen, wie er herumschleicht und Leben stiehlt, wie er überall lauert und sich aller Mittel bedient; nicht einmal Umweltverschmutzung und Atomkraft schrecken ihn ab. Und jählings verwandelt sich die chronische Bedrohung durch den Tod in akute Bedrängnis wie Krankheit, Unfall oder Katastrophe.

Verleitet durch die Fortschritte der Technik und beruhigt durch den Glauben an die Macht der Wissenschaft hat sich über Jahrzehnte eine vage Fantasie verbreitet. Man glaubte, den Tod in unserem Leben bald nicht mehr ernsthaft berücksichtigen zu müssen. Viele Entwicklungen der Technik, Biologie, Medizin deuteten in diese Richtung. Eines aber haben wir ganz geschafft: wenn schon nicht aus dem Leben, so haben wir den Tod doch weitgehend aus unserem *Bewusstsein* verdrängt. Noch nie war es so leicht und unbeschwerlich, alt zu werden. Trotzdem tat man noch nie so viel, um jung zu sein, jung zu bleiben, wieder jung zu werden. Der Wert des „festgelebten Lebens", wie Frankl einmal das Alter bezeichnete, zählte nicht mehr im gesellschaftlichen Leben. Die Vergangenheit wurde ausgegliedert und war für die Couch des Psychoanalytikers reserviert. Draußen aber, im wirklichen Leben, da trimmt man sich, sportelt, joggt, und „liftet" seine Vergangenheit für eine alles versprechende Zukunft. So schafften wir es, bis ins hohe Alter jung zu bleiben – und jung zu sterben. Ein bitteres Schicksal, denn bekanntlich stirbt es sich schwerer, wenn man jung ist.

Etwas erschrocken erwachen wir heute aus dem Traum der letzten Jahrzehnte. Der Tod, diese Hydra, die wir vergessen geglaubt haben, taucht unvermutet wieder auf. Atomreaktoren (Tschernobyl!), Tankerunglücke, Umweltalarm, Lawinenabgänge, AIDS, BSE, MKS bringen uns die ständige Bedrohung hautnah ins Haus und machen uns bewusst, was jedes Kind weiß: dass wir trotz allen Fortschritts sterblich sind. Und sie sagen uns auch, woran der fortgeschrittene Mensch von morgen sterben wird.

Immer schon hatten die Menschen Angst – und immer schon war Leben bedrohlich. Manche Bedrohung ist heute keine mehr, Pest und Polio sind ausgerottet. Man begann sich sicherer zu wähnen. Der Fortschritt schützte. Doch neue Gefahren sind aufgetaucht. Die größte aber ist es, den Tod aus dem Bewusstsein verdrängt zu haben und die Sterblichkeit nicht wahrhaben zu wollen, sie aufzuschieben, „bis es an der Zeit ist". – Nun, es ist an der Zeit, sterben zu können. Diese Zeit ist immer. Jede Zeit ist auch Sterbenszeit. Je verdrängter diese Realität, desto größer die Ängstlichkeit.

Es ist beinahe selbstverständlich, dass in einer solchen Zeit, die den Tod vergessen hat und gegen seine Vorboten wie Alter, Krankheit und Leid effiziente Abwehrformen entwickelt hat, Medizin und Naturheilkunde besonders gefragt ist. Es ist natürlich, dass für die Körperheilkunde Jahr für Jahr mehr Geld zur Verfügung steht.

Wird der Tod als Fremdkörper im Leben angesehen und die Vergangenheit, weil sie sich dennoch nicht leugnen lässt, in das diskrete Kämmerlein der Psychoanalyse abgeschoben, so werden erst recht alle Fragen, die mit dem Jenseits des Todes zu tun haben, in die Mottenkiste vergraben, da sie nicht mehr von Belang sind. –

Aber das Leben lässt uns zum Glück keine Ruh: es ist aufdringlich. Es begnügt sich nicht mit Halbheiten. Es will ganz gelebt werden. Es lässt uns unseren Spaß, unsere Lust und unsere Freude. Aber in unsere behagliche Wunsch- und Traumwelt bricht es mit einer ernüchternden Vehemenz ein und erschreckt uns mit seinen realen Forderungen. Dann sind wir wieder verunsichert, verunsichert sogar vom einzigen, was in der Zukunft sicher ist: vom Tod. Aber es war nicht das Sterben von Angehörigen oder Freunden, das uns mit dem Tod wieder in Berührung gebracht hat. Wie hätten unsere Lieben uns dieses Testament auch übergeben können? Fast alle, nämlich rund 90 Prozent sterben in der sterilen Atmosphäre eines Krankenhauses. Wir haben heute mehr institutionellen Tod als individuellen Tod.

So sind es heute vielleicht mehr die Katastrophen, die uns beunruhigt haben. Mit dem Verdrängen des Todes hätten wir beinahe zu viel vom Leben abgeschafft. Von einem Leben, das wir nun nicht mehr in der Allmacht des Menschen suchen, sondern im Blühen des Baumes, im Leben der Gewässer, in ungestörten Naturzyklen. Wir sind wieder offen für die Eigengesetzlichkeit der Natur, statt sie über die Knie zu brechen. Wir sehen ihren Eigenwert, und entblättern sie nicht mehr bloß auf ihren Nutzwert.

Fragen wir uns an dieser Stelle nochmals: Ist es wirklich der Tod, der Angst macht? Finden wir nicht immer wieder Menschen, die trotz der natürlichen Angst vor dem Tod sicher bleiben? Da sind die Großen der Geschichte zu nennen, von Sokrates bis zu Pater Maximilian Kolbe. Ich denke aber auch an die vielen ungenannten und einfachen Menschen, denen Sie und ich begegnet sind, die mit bewundernswerter Ruhe dem Tod in die Augen schauen konnten. Denn für sie gehörte Sterben nicht zum Schrecklichsten im Leben.

Was also macht das Sterben so schwer? Wann wird es zum Schrecken des Lebens? –

Das, was den *Tod zum Feind und das Sterben so schwer macht, ist das versäumte Leben.* Ist, genauer gesagt, es in unzähligen Situationen versäumt zu haben,

zu *lieben,*
zu *leisten,*
zu *leiden.*

Dies entspricht genau den drei „Hauptstraßen zum Sinn“ nach Frankl, den Erlebniswerten, den schöpferischen Werten und den Einstellungswerten (vgl. Kap. 3). Der Tod erhält seinen Schrecken dadurch, dass man spürt, noch gar nicht wirklich gelebt zu haben. Wenn man fühlt, dass man das Leben noch nicht erfasst hat, dass man von der Fülle des Lebens noch nicht erfasst wurde. Der käme zu früh, denn was bisher war, das kann doch nicht das Leben gewesen sein. Solange die tiefe Sehnsucht nach dem wahren, ganzen und vollen Leben schmerzt, solange dieser Durst ungestillt ist, erhebt sich der Mensch, lehnt er sich auf gegen das Verdursten.

Am schlimmsten ist das selbstverschuldete *versäumte* Leben. Es gibt viele Formen, wie das Leben versäumt werden kann. Jedes Versäumnis hat sein Zutreffendes, Wahres, Echtes, Kampfwürdiges. Aber in der *Fixierung* des Verhaltens wird es zu eng, zu ernst. Wenn kein Lachen mehr möglich ist und wenn die Gelassenheit fehlt, wird das Leben verstellt.

So versäumt es der eine zu leben, weil er zu sehr mit der *Sicherheit* im Leben beschäftigt ist. Für ihn wird die Ungewissheit der Todesstunde zum Schrecken und unerträglich, weil ihm da die Kontrolle entgleitet. –

Ein anderer ist in seiner Angst mehr beschäftigt mit dem, *woran* er sterben könnte. Man kann sich ja tatsächlich fürchten vor dem Gift in der Nahrung und in der Luft, vor dem Krebs oder der Atomkraft. Hier ist ohne Zweifel viel zu tun zur Verringerung der Gefahren – aber der Sinn des Lebens besteht nicht allein in der Verhinderung eines Übels, sondern im Leben für ein Gut, für Wertvolles, wie auch im *Er*leben des Guten. –

Jemand anderer wiederum hat Furcht vor dem Schmerz und dem Leid beim *Sterben*. Auch hier kann Unsagbares geschehen, und mancher Schmerz wird sich nicht ganz verhindern lassen. Aber gibt es nicht auch hier die Möglichkeit des Sinns, ohne die Realität in irgend einer Weise beschönigen zu wollen? Vielleicht hat jemand das Leid kennen gelernt als etwas, das mehr sein kann als nur unangenehm, das trotz der Schwere zu einem Wachstum geführt hat? Wer eine solche Erfahrung gemacht hat, kann vielleicht etwas hoffnungsvoller in die letzte Phase des Lebens gehen. –

Für wieder einen anderen ist der *Abschied* von den Angehörigen die größte Sorge. Auch hier gibt es Härtefälle, wenn die Kinder noch jung sind, wenn man noch sehr benötigt wird in der Familie, wenn die neue Liebe erst begonnen hat. Existentiell gewendet führt das Leid aber zur Frage, ob wir auch zuvor schon ganz anwesend waren, ganz bei unseren Lieben zugegen, innerlich da waren, wenn wir bei ihnen waren? Mehr können wir nicht tun – dies aber können wir ganz tun. Wir können die Begegnung intensivieren, wenn wir sie im Bewusstsein der Unwiederbringlichkeit, der Einmaligkeit jedes Augenblicks leben. Wenn wir gelegentlich zu denken wagen, was ich wohl tun oder sagen würde, wenn ich wüsste, dass dies das letzte Beisammensein wäre … Es zeigt mir, ob vielleicht etwas noch offen ist, etwas noch zu tun wäre, wofür es einmal zu spät sein wird. Das Leben ist existentieller, wenn der Abschied, wenn das Ende in den Anfang genommen wird und nicht für den Schluss übrig gelassen wird.

Um was geht es also? Grund zur Angst, zur Sorge, Möglichkeiten des Versagens, der Belastung und der Verletzung gibt es immer. Das gehört zum Leben. Aber es macht das Leben nicht aus. Die existentielle Gefahr liegt woanders, liegt in der Haltung, wie wir das Leben Tag für Tag, Stunde um Stunde leben. Wenn es uns da nicht gelingt, die Not zu wenden, aus dem Verlust einen geistigen Gewinn zu ziehen und innerlich zu wachsen und zu reifen, die Möglichkeiten von Unheil, Trennung, Leid als zum Leben gehörend anzunehmen und mitzuleben, verpassen wir das Leben. Verpassen wir den Sinn des Lebens. Versäumen wir, ganz zu leben – und das heißt: realistisch zu leben, im Einklang mit dem, was tatsächlich ist, was tatsächlich möglich ist. Das Zerstörerische, Gefährliche, Bedrohliche, Schmerzliche ebenso ins Auge zu fassen wie das Hoffnungsvolle, Ersehnte, Gewünschte bestehen zu lassen, sofern es realistisch ist. Dies ist ein Kennzeichen existentieller Reife: mit solchen offenen Augen durch das Leben zu gehen. Mehr können wir nicht tun – mehr brauchen wir aber auch nicht zu tun. Denn das Leben nimmt seinen Lauf und die Welt geht ihren Weg – und so soll ich nur meinen gehen.

Das Abweichen von der Sinnstruktur des Lebens kann sich zur Angst und zu anderen psychischen Störungen verdichten. Meistens liegen solchen Störungen unbewältigte Erfahrungen zugrunde. Immer finden sich dahinter bzw. darin verwoben Grundhaltungen zum Leben, die auf eine gestörte Erfahrung von Halt, von Wert, von echter Begegnung oder zukunftsträchtiger Entwicklung zurückzuführen sind.

Volles Leben – das ist: sich nach besten Kräften in jede Situation einlassen. Das Entscheidende dabei ist, dass es nicht etwas *Beliebiges* ist, mit dem man sich abgibt, sondern dass es etwas ist, das wir als *sinnvoll* empfinden. Je größer die Zahl sinnvoll gelebter Lebenssituationen, desto erfüllter wird schließlich das Leben selbst. Desto mehr Grund spürt man unter seinen Beinen. –

Wie sollte mich dann der Tod noch schrecken, wenn ich mein Leben in jedem Augenblick erschöpfend gelebt habe? Was soll dann noch wirklich Angst machen, wenn ich mich den Fragen und Angeboten des Lebens nicht entzogen habe, sondern ganz auf sie eingegangen bin? – Nicht dass der Tod dadurch freundlich würde. Wohl kann er uns ein Freund und Erlöser sein, aber ebenso kann er peinigend, schmerzlich, brutal und rücksichtslos unser Leben zersägen, abbrechen, zerschmettern. Eine gewisse Bangigkeit um die Form des Eintretens wird vielleicht immer bleiben. Aber die zerstörerische Macht, die das Leben durchsetzt und in seiner sinnvollen Struktur lähmt, die kann der Tod verlieren, wenn man im Bewusstsein lebt, dass er stets eine realistische Möglichkeit ist. Denn die Angst vor dem Tod wird genährt vom Durst nicht gelebten Lebens, vom angeborenen Streben des Menschen, zu einem erfüllenden und ganzen Leben zu kommen. Der Existenzanalyse und Logotherapie zufolge ist es dies, was der Mensch in der Tiefe all seines Wollens anstrebt. Dieser Wille zu sinnvollem, erfüllendem Leben macht die Dynamik aus, die in der Angst vor dem Tod steckt.

Die Angst vor dem Tod ist damit noch nicht vollständig zu verstehen, weil wir den genauen *Gegenstand* der Angst noch nicht kennen. Der Tod ist eigentlich nur ein Symbol, nur ein Verweis auf etwas noch Tieferliegendes. In der Tiefe erweist sich die Angst vor dem Tod nämlich als Angst vor dem *Nichts*. Angst ist somit Angst vor dem Nicht-Sein, vor dem Nicht-Leben, vor dem Nicht-sich-selber-Sein oder auch vor der Nichtigkeit des Lebensentwurfs. Die Angst vor dem Tod kann somit auch mit der *Leere* inmitten des Lebens zu tun haben.

Die unbegreifliche Tatsache, überhaupt auf die Welt gekommen zu sein, legt dem Menschen nahe, dass dies wohl irgendeine Bedeutung haben wird. In diesen *„ontologischen Sinn"* unseres Daseins können wir nur ansatzweise hineinblicken, wie wir schon weiter oben erwähnt haben. Denn den Sinn, den etwas hat, bloß weil es ist, weiß eigentlich nur sein Erzeuger. Die Antwort auf die Frage, warum es diese Welt gibt, warum es mich gibt, warum es Krankheit, Unglück und Not gibt, kann ich nicht wissen. Die „ontologische Sinnfrage" ist nicht das „Geschäft" des Menschen. Ihre Beantwortung kann vielleicht in der Philosophie versucht werden, im Grunde aber ist sie das Spezialgebiet der Religionen. Diese bringen ein Wissen ein, das über das Sachwissen der Menschen hinausreicht.

Wir können daher nicht genau angeben, welche Bedeutung das eigene Dasein hat, außer über die Vermittlung des Glaubens, wenn man einen solchen hat. Aber wir tragen ein *Gefühl* in uns, dass es *nicht für nichts* ist, dass wir da sind. Wir spüren, dass es eine Bewandtnis haben muss. Schwer erträglich ist daher das Gefühl, dass man „für nichts" gelebt hat. Man fühlt deutlich genug, dass dies am Sinn des Lebens vorbeigegangen sein muss. Aus dem offenen Widerspruch zwischen dem spontanen Selbstverständnis des Daseins und dem gelebten Leben entsteht die Verzweiflung, den Sinn des Lebens verfehlt zu haben.

Im dumpfen Bewusstsein, ein sinnarmes oder sinnentleertes Leben zu führen, klafft das *„existentielle Vakuum"* (Frankl 1955) wie ein gähnender Abgrund auf mitten im vollbeschäftigten Leben. Zwar hat man alles, *wovon* man leben kann, doch nichts, *wofür* es sich lohnt zu leben. Dies ist das typische Gefühl der „existentiellen Frustration" (ebd.). Wenn man nun Tag für Tag mit unzähligen Mitteln und Ablenkungen versucht, der Leere und der Langeweile zu entkommen und trotzdem an ihr leidet, um wie viel schrecklicher muss sich dann erst der Tod ausmachen? Sieht er dann nicht aus wie eine Potenzierung des ungelebten Lebens, wie das absolute Nichts?

Wir verstehen jetzt auch, warum der Mensch den Tod zu verdrängen, zu überspielen versucht. Weil er von der Sinnleere unterhöhlt ist, flieht er alles, was in seinen Augen „Leere" bedeutet: die leere Wohnung, die leer gewordene Beziehung ebenso wie die Ruhe oder den Tod. Der verdrängte Tod aber macht seinerseits das Leben erst recht sinnunmöglich. Der Nichtigkeit unseres Daseins, unserer Ver-Nichtung als existentielle Wesen, können wir nur dadurch entgehen, dass wir ein „Wofür" zu leben haben.

Aber dieses „Wofür" kann niemals gemacht oder von einem selbst konstruiert werden. Es liegt vor und muss wahrgenommen, gefunden werden. Es ist nichts Beliebiges, sondern jeweils eine ganz bestimmte Möglichkeit, die es wert ist, dass sie „hineingeborgen" wird in die Vergangenheit des gelebten Lebens. Und auch nur dann ist es ein Sinn, wenn er zu dieser Person passt.

Weder Imagination noch Wünsche, weder gutgemeinte Wertvorgaben noch mitleidige Sinnvorspiegelungen können dem Verzweifelten helfen. Über das „existentielle Vakuum" hilft nur ein handfester und handlungsfördernder *Realismus* hinweg, der die Sterblichkeit des Menschen nicht verdrängt, sondern den *Tod als konstitutives Element des Lebens* miteinbezieht. Wenn dies nicht geschieht, dann leben wir nicht; wir würden träumen.

Denn wirklich: der *Tod* ist dem Leben nichts Fremdes, er stellt *kein lebensfeindliches Prinzip* dar. Er macht Leben erst möglich, gehört zum Leben wie alles Wachsen, wie alles Vergehen und alles Werden. „Sobald ein Mensch zum Leben kommt, sogleich ist er alt genug zu sterben", heißt es beim böhmischen Dichter Ackermann. Wir haben die unreflektierte Vorstellung zu lassen, dass wir ewig so weiterleben werden; dieser Wahn hindert uns, wirklich zu leben. Wollen wir wirklich leben, so müssen wir uns die neue Einstellung zum Leben bewusst machen:

VON ANFANG AN LEBEN WIR ENDLICH!

Dann können wir beginnen, endlich zu *leben*!

Denn erst in Rücksicht auf die Endlichkeit des Lebens erfassen wir die *Einmaligkeit* des Lebens. Andernfalls geschieht nichts Wesentliches. Sonst geht es uns so wie jenem Trinker, der vom Arzt aufmerksam gemacht wurde, dass es höchste Zeit sei, den Alkohol zu lassen. Der aber meinte resigniert: „Dazu ist es ja doch zu spät!" – „Aber", antwortete der Arzt empört, „hören Sie doch: es ist nie zu spät, mit dem Trinken aufzuhören!" – „Ja? – Na gut, aber dann habe ich ohnehin noch Zeit!" –

Natürlich wird ein Leben nicht durch seine *Länge* sinnvoll. So wie die Güte einer Biographie auch nicht vom Seitenumfang des Buches abhängt, wie Frankl einmal schrieb.

Bleiben wir noch etwas in der Entwicklungslinie der bisherigen Gedanken. Zuletzt hatten wir festgestellt: Wäre der Mensch *unsterblich*, er bräuchte *nicht nach Sinn* zu suchen. Er wäre vollendet. Er könnte in voller Zufriedenheit in sich ruhen. Er hätte immer Zeit für das, was zu tun ist, heute, morgen, in tausend Jahren. Doch weil dem nicht so ist, weil der Mensch unfertig ist und nur in Grenzen lebt, ist es in jeder Situation für etwas „Zeit", mitunter sogar „höchste Zeit". Denn jede Situation ist einmalig. Sie kommt nie wieder. Daran kann der Mensch nichts ändern. Ungefragt ist er in dieses Bedingungsgefüge hineingestellt. Wenn wir uns ernsthaft bewusst machen, dass wir nicht immer Zeit haben, sondern dass jeder Augenblick am Schopf zu fassen ist, ehe er und mit ihm ein Stück Leben entschwinden, dann befinden wir uns in der *existentiellen Ausgangsposition.* Sie ist die Ausgangsposition für sinnvolles Leben. Wir haben sie schon am Ende des 4. Kapitels kennen gelernt. Aber sie ist so zentral, dass hier noch einmal in aller Kürze auf sie Bezug genommen wird.

Wenn wir uns bewusst halten, dass jede Situation einmalig und unwiederbringlich ist, und dass jede Person einzigartig und nicht austauschbar ist, kann es nur darum gehen, ganz persönlich auf diese Konkretheit Bezug zu nehmen. Das Wesen der Existenz kann nur darin bestehen, sich über diese Vergänglichkeit zu erheben und in seiner Einmaligkeit einzubringen. Dies kann in dem Satz zusammengefasst werden:

Menschsein heißt, in Frage stehen; und Leben heißt Antwort geben.

Will der Mensch sinnvoll leben, braucht er diese Offenheit, sich befragen zu lassen. Und dann die Tat, indem er sich trotz aller Endlichkeit und Vergänglichkeit zur einen, zur besten Möglichkeit stellt und gerade wegen ihrer Unwiederbringlichkeit „Ja" zu ihr sagt.

Diese Gedanken sind in der heutigen Zeit nicht sehr geläufig. Meint man doch allgemein, das Leben bestünde darin, möglichst viele Bedürfnisse befriedigt zu bekommen. Nur wer seine Ansprüche hat, hat „etwas vom Leben". Gerät man in diese tödliche Schlinge der Erwartung an das Leben, kann leicht alles sinnlos werden. Denn die Freude am Leben, diese Lebenslust, die uns vom Leben etwas *erwarten* lässt, ist nur eine Möglichkeit, Sinn im Leben zu finden.

Die *existentielle Vorfindlichkeit* ist im Grunde konträr dazu. Den vollen Sinn des Lebens schöpfen wir nur aus durch eine radikale Umkehr, eine Wendung um 180 Grad in der Einstellung zum Leben. Man sieht daraus nochmals, dass es nicht die Vorgabe von Werten ist, die das Leben sinnvoll macht, sondern dass die wesentliche Voraussetzung für sinnvolles Leben *von innen* kommt: sie liegt in der inneren *Haltung* zum Leben. Und diese lässt uns oft ganz andere Werte ansichtig werden, als der Außenstehende meint.

Wenn wir also psychotherapeutisch – nicht seelsorgerlich, da gibt es Zugänge – fragen, was der Schlüssel für sinnvolles Leben ist (und somit auch für angstfreies Sterben-Können), so findet sich als Startpunkt und Grundvoraussetzung die *Haltung der Offenheit*, des Sich-befragen-Lassens. Ihre Umsetzung in die Praxis kann anhand von einfachen Überblicksfragen beschrieben werden, wie sie in der anschießenden „Anleitung zur Sinnsuche“ zusammengefasst sind. Sie folgen den vier Schritten der „Sinnerfassungsmethode“ (Längle 1988).

Beim „Schlüssel zur Sinnfindung“ handelt es sich um eine Haltung, die zunächst offen ist für all das, *was ist*, die vielleicht sogar manchmal neugierig ist auf das, was es in der Welt gibt.

Diese Haltung ist auch offen für die *Werte*, also für das, *wie* wir die Welt und uns selbst erleben, offen auch für das, was in uns vorgeht und was uns die Gefühle mitteilen zu dem, was wir erleben und wie wir handeln.

Es ist eine Haltung, die weiters offen ist für die eigene Kreativität und Schöpfungskraft. Sie wird im *Willen* fassbar und im Entschluss komplett. Sie macht bereit, sich Tag für Tag auf die wichtigsten Fragen *einzulassen* und auf sie zu antworten.

Es handelt sich um eine Haltung, die schließlich auch offen ist für die Zukunft, für das, was durch einen selbst *werden* kann in dieser Welt, und offen ist für das, was ansteht, was zu tun oder zu genießen ist, offen also für eine Zukunft für uns alle, für ein Miteinander und Füreinander, an dem jeder Mensch unvermeidlich beteiligt *ist* und sich daher auch beteiligen *soll.*

Das ist *existentieller Sinn.*

Das ist der Sinn, bei dem es von einem selbst abhängt, ob es ihn gibt oder nicht. Es ist jener Bereich, wo der Mensch selbst schöpferisch teilhat an der Sinnstruktur des Daseins – wo das Dasein inkomplett bliebe in seinem Sinn, wenn wir nicht selbst an ihm mitgestaltet, mit unserer persönlichen, geistigen Kraft an ihm mitgewirkt hätten. Wenn wir es mit unserer Offenheit nicht in unsere Innerlichkeit aufgenommen hätten und unser Denken und Fühlen, unsere Liebes- und Leidensfähigkeit dazugegeben hätten.

Denn dann hätten wir nicht gelebt – dann hätte unser Leben in der Tat nur einen fraglichen Sinn.

Anhang

Anleitung zur Sinnsuche (Überblicksfragen)

Ausgangsfrage:
Worum geht es hier? – Wofür ist diese Stunde da? – Was ist jetzt notwendig? – Was wird von mir gebraucht? – Was kann ich konkret tun?

- Erlebniswerte? (Gibt es Schönes, das in dieser Stunde „einmalig" ist?)
- Schöpferische Werte? (Kann ich etwas Wertvolles tun oder bewirken? Taten, Werke, Arbeit)
- Bei unabänderlichen Situationen: Einstellungswerte?

Wertfrage:
Ist das Erkannte und Gefühlte wichtig?
Was wäre, wenn ich es nicht täte? (Würde etwas geschehen, das nicht gut wäre?)

Freiheitsfrage:
Muss ich es tun? – Könnte ich mir vorstellen, es nicht zu tun? (Wenn nicht: Wer/was zwingt mich?)
Kann ich sagen: Ich will es? Freiwillig?

Verantwortungsfrage:
Wofür/Für wen mache ich das eigentlich? (Will ich es dafür tun?)
Soll ich diese Sache unter den Umständen machen? (Wer sagt, dass ich es machen soll?)
Ist es mit mir stimmig, wenn ich es tue? (Oder ist es stimmiger, wenn ich es lasse?)

Literatur

Frankl V. E. (1955): Pathologie des Zeitgeistes. Wien: Deuticke.

Frankl V. E. (1959): Grundriss der Existenzanalyse und Logotherapie. In: Frankl V., von Gebsattel V., Schultz J. H. (Hrsg.): Handbuch der Neurosenlehre und Psychotherapie. München: Urban und Schwarzenberg, Band 3, S. 663–736. Wiederabdruck in: Frankl V.: Logotherapie und Existenzanalyse. Texte aus fünf Jahrzehnten. München: Piper 1987, S. 57–184.

Frankl V. E. (1978): Der Wille zum Sinn. Ausgewählte Vorträge über Logotherapie. Bern: Huber.

Frankl V. E. (1981). Die Sinnfrage in der Psychotherapie. München: Piper.

Frankl V. E. (1982): Ärztliche Seelsorge. Wien: Deuticke, 10. Aufl. (Auch als Fischer-Taschenbuch erhältlich.)

Frankl V. E. (1983). Theorie und Therapie der Neurosen. München: Reinhardt, UTB.

Frankl V. E. (1984): Der leidende Mensch. Anthropologische Grundlagen der Psychotherapie. Bern: Huber.

Frankl V. E. (1985): Das Leiden am sinnlosen Leben. Psychotherapie für heute. Freiburg: Herder-Taschenbuch.

Frankl V. E. (1986): Psychotherapie in der Praxis. München: Piper.

Längle A. (1985), (Hrsg.): Wege zum Sinn. Logotherapie als Orientierungshilfe. München: Piper.

Längle A. (1988), (Hrsg.): Entscheidung zum Sein. Logotherapie in der Praxis. München: Piper.

Längle A. (1998): Viktor Frankl. Ein Porträt. München: Piper.

Längle A. (2000): Sinnspuren. Dem Leben antworten. St. Pölten: NP-Buchverlag.

Tagungsberichte der Gesellschaft für Logotherapie und Existenzanalyse: Heft 1 und 2 1986.